국어 때매김 연구

저자 **김승곤**

- 한글학회 회장 및 재단이사 역임
- 건국대학교 문과대학 국어국문학과, 대학원 졸업
- 건국대학교 인문과학대학장, 문과대학장, 총무처장, 부총장 역임
- 문화체육부 국어심의회 한글분과위원 역임
- 주요저서:『관형격조사 '의'의 통어적 의미분석』(2007),『21세기 우리말 때매김 연구』(2008),『21세기 국어 토씨 연구』(2009),『국어통어론』(2010),『문법적으로 쉽게 풀어 쓴 논어』(2010),『문법적으로 쉽게 풀어 쓴 향가』(2013),『국어 조사의 어원과 변천 연구』(2014),『21세기 국어형태론』(2015),『국어 부사 분류』(2017) 등

국어 때매김 연구

© 김승곤, 2018

1판 1쇄 인쇄_2018년 04월 20일
1판 1쇄 발행_2018년 04월 30일

지은이_김승곤
펴낸이_이종엽

펴낸곳_글모아출판
등 록_제324-2005-42호

공급처_(주)글로벌콘텐츠출판그룹
대표_홍정표 이사_양정섭 편집디자인_김미미 기획·마케팅_노경민
주소_서울특별시 강동구 풍성로 87-6(성내동) 글로벌콘텐츠
전화_02) 488-3280 팩스_02) 488-3281
홈페이지_http://www.gcbook.co.kr
이메일_edit@gcbook.co.kr

값 13,000원
ISBN 978-89-94626-64-2 93710

국어 때매김 연구

김승곤 지음

글모아출판

머리말

　이 책에서는 선어말어미에 의한 때매김에 대하여서만 다루기로 한다. 우리말의 때매김에 대하여는 주시경 선생을 위시하여 최현배 선생, 허웅 선생으로 이어 오면서 많은 연구가 있었으나 때매김 형태, 즉 때매김의 종류에 어떠한 것이 있는가를 실제 통계를 내어서 그것에 의하여 때매김 연구를 한 것이 아니고, 허웅 교수를 제외하고는 글쓴이 나름대로의 직관에 의하여 다루다가 보니까 실제 언어 생활과는 거리가 먼 체계로 된 경우가 없지 않았다. 그래서 글쓴이는 가급적 많은 통계를 내어 거기에서 때매김의 종류와 각 때매김의 문맥적 의미를 뽑아내어 올바른 결론에 이르도록 하는 데 힘을 기울였다. 각 때매김을 다룰 때에 많은 예를 들어 보인 것은 바로 그런 뜻에서 한 것이니 읽을이 여러분의 오해 없기를 바란다. 사실 국어의 때매김은 시상적인 면도 많이 있으나 서술어가 형용사나 지정사가 될 때는 설명하기 어려운 점이 적지 아니하므로 시제로 보는 것이 설명상 무리가 없을 것으로 여겨져서 글쓴이는 시제로 다루었다. 예를 들면, '-었었-'은 과거완료로 보지 않으면 알맞은 명칭이 없는데 어떤 이는 '단속상'이라 하였으나 이로써는 그 본질을 살린 올바른 명칭으로는 보기 어렵다. 또 "순이는 어려서 지금보다 예뻤다"고 하면 이때의 '-었-'은 분명히 과거를 나타내지 완료를 나타내는 것으로는 볼 수 없다. 이와 같이 국어의 때매김은 어느 한쪽으로 결정짓기가 어려우나 교육상, 설명상 가능성이 있는 쪽으로 정하는 것이 좋을 것이다. 여기서는 선학들의 이론을 많이 소개하였는데 때매김의 연구에 대하여 많은 것을 시사하여 줄 것이기 때문이다. 부족함을 무릅쓰고 출판에 부쳤으니, 많은 가르침을 바라면서 끝을 맺는다.

2018년 03월
지은이 씀

차례

머리말 _____ 4

제**1**장 들어가는 말 _____ 11

제**2**장 이론적 배경 _____ 15

1. 전통문법에서의 이론 ·· 16
   1.1. 시제(tense) ··· 16
      1.1.1. 시간의 중요 구분 ____ 18
      1.1.2. 시간의 하위 구분 ____ 23
      1.1.3. 시제의 비시간적 사용 ____ 27
      1.1.4. 영어의 확충시제(정시제, 진행시제, 계속시제) ____ 34
      1.1.5. 시제에 관한 용어 ____ 37
   1.2. 상(aspect) ·· 39
      1.2.1. 정의 ____ 39
      1.2.2. 완료 ____ 41
2. 일본말에서의 때매김에 대한 설명 ···························· 43
   2.1. 텐스(tense) ··· 43
   2.2. 아스펙트(Aspect) ·· 48
3. 모다리티(modality) ·· 52

제3장 선학들의 국어 때매김 연구 _____ 57

1. 주시경 선생의 때매김법 ································· 59

  1.1. 끗기의 때 ································· 59

    1.1.1. 이때 ____ 59   1.1.2. 간때 ____ 59

    1.1.3. 올때 ____ 60

  1.2. 매김꼴의 때매김법 ································· 63

    1.2.1. 단순때의 매김꼴 ____ 63   1.2.2. 복합때의 매김꼴 ____ 63

    1.2.3. 잇기의 때 ____ 64

2. 최현배 선생의 때매김법 ································· 66

  2.1. 열두 가지 때매김(12시제) ························· 67

  2.2. 베풂꼴의 때매김 ································· 68

    2.2.1. 바로때매김 ____ 68

    2.2.2. 도로생각때매김(回想時制) ____ 73

    2.2.3. 도로생각때매김의 보기 ____ 74

  2.3. 매김꼴의 때매김 ································· 76

    2.3.1. 바로때매김 ____ 76

  2.4. 다른 끝바꿈꼴(活用形)의 때매김 ················· 80

    2.4.1. 물음꼴의 때매김 ____ 80   2.4.2. 감목법의 때매김 ____ 82

  2.5. 이음법의 때매김 ································· 83

    2.5.1. 바로때매김 ____ 83   2.5.2. 도로생각때매김 ____ 84

  2.6. 그림씨의 때매김 ································· 85

    2.6.1. 그림씨의 마침법의 베풂꼴의 때매김의 보기틀 ____ 85

    2.6.2. 그림씨의 매김꼴의 때매김 ____ 85

  2.7. 그림씨의 다른 끝바꿈꼴 때매김 ················· 91

    2.7.1. 그림씨 마침법의 물음꼴 때매김 ____ 91

    2.7.2. 그림씨 감목법의 이름꼴 때매김 ____ 91

    2.7.3. 그림씨 이음법의 때매김 ____ 92

  2.8. 잡음씨의 때매김 ································· 93

    2.8.1. 잡음씨 베풂꼴의 이적 ____ 93

    2.8.2. 잡음씨 베풂꼴의 지난적 ____ 93

    2.8.3. 잡음씨 베풂꼴의 올적 ____ 93

    2.8.4. 잡음씨 베풂꼴의 도로생각때매김 ____ 94

  2.9. 잡음씨 감목법의 매김꼴 때매김 ················· 94

2.9.1. 잡음씨 감목법의 매김꼴 이적때매김 ____ 94

2.9.2. 잡음씨 매김꼴의 지난적 ____ 95

2.9.3. 잡음씨 매김꼴의 올적 ____ 95

2.9.4. 잡음씨 매김꼴의 도로생각때매김 ____ 95

2.9.5. 잡음씨 매김꼴의 때매김 보기틀 ____ 96

2.9.6. 잡음씨의 다른 끝바꿈꼴 때매김 ____ 96

3. 정인승 선생의 때매김법 ·· 98

　3.1. 움직씨의 때매김 ·· 98

　　3.1.1. 끝바꿈으로의 때매김 ____ 99　3.1.2. 도움줄기로의 때매김 ____ 99

　3.2. 그림씨의 때매김 ··· 101

　　3.2.1. 끝바꿈으로의 때매김 ____ 101　3.2.2. 도움줄기로의 때매김 ____ 101

　3.3. 풀이토씨의 때매김 ··· 103

　　3.3.1. 끝바꿈으로의 때매김 ____ 103　3.3.2. 도움줄기로의 때매김 ____ 103

4. 이희승 선생의 때매김법 ··· 105

　4.1. 동사의 시제 ··· 105

　4.2. 형용사의 시제 ·· 108

　4.3. 존재사의 시제 ·· 111

5. 이숭녕 선생의 때매김법 ··· 113

　5.1. 동사의 시제 ··· 113

6. 허웅 선생의 때매김법 ··· 116

　6.1. 기본(단순) 때매김법 ··· 117

　　6.1.1. 현실법 ____ 118　　　　　　6.1.2. 완결법 ____ 118

　　6.1.3. 추정법 ____ 119　　　　　　6.1.4. 회상법 ____ 119

　　6.1.5. 복합때매김법 ____ 120

　　6.1.6. 매인풀이씨로 때의 흐름을 나타냄 ____ 123

7. 박지홍 선생의 때매김법 ··· 124

　7.1. 때매김-안맺음씨끝 ·· 125

　　7.1.1. 이적-안맺음씨끝(이적-도움줄기) ____ 125

　　7.1.2. 지난적-안맺음씨끝(지난적-도움줄기) ____ 125

　　7.1.3. 올적-안맺음씨끝(올적-도움줄기) ____ 126

　　7.1.4. 돌이킴-안맺음씨끝(회상-도움줄기) ____ 126

　7.2. 때안맺음과 때안맺음의 결합 ································· 127

　　7.2.1. -았었/었었- ____ 127

7.2.2. -았더/었더-: 지난적회상 ---- 127

7.2.3. -았겠/었겠-: 지난적짐작 ---- 127

7.2.4. -겠었-: 올적마침 ---- 128

7.3. 안맺음씨끝과 맺음씨끝의 이음 ·········· 128

7.3.1. '-았/었+는', '-겠는-'의 이음 ---- 128

7.3.2. '-았/었+을'의 이음 ---- 128

7.3.3. '-더+ㄴ'의 이음 ---- 129

제4장 현대 국어의 때매김 문제 ········ 131

1. 현대 국어의 때매김 형태소 ·········· 132

2. 현대 국어의 때매김 ·········· 134

2.1. 시제 ·········· 134

2.1.1. 과거 및 과거완료 ---- 134   2.1.2. 현재 '-는-' ---- 149

2.1.3. 미래시제 ---- 159

2.2. 시상 ·········· 165

2.2.1. 회상시상 ---- 165   2.2.2. 진행시상 ---- 176

3. 매김법의 때매김 형태소 ·········· 180

3.1. 시제 ·········· 180

3.1.1. 과거관형시제: -은/ㄴ- ---- 180

3.1.2. 현재관형시제: -는- ---- 181

3.1.3. 미래관형시제: 을/ㄹ ---- 185

3.2. 시상 ·········· 189

3.2.1. 과거관형시상: -었을- ---- 189

3.2.2. 미래관형시상: -겠는- ---- 190

3.2.3. 회상관형시상: -던- ---- 191

3.2.4. 과거회상관형시상: -었던- ---- 192

3.2.5. 과거완료회상관형시상: -었었던- ---- 195

3.2.6. 추정회상관형시상: -겠던- ---- 196

3.3. 진행시상 ·········· 196

3.3.1. 현재진행관형시상: '-고+있는-' ---- 196

3.3.2. 현재진행추정관형시상: '-고+있을-' ---- 197

3.3.3. 현재진행회상관형시상: '-고+있던-' ---- 197

3.3.4. 과거진행회상관형시상: '-고+있었던-' ---- 198

제**5**장 맺음말 _____ 199

참고서적 _____ 203

제1장

들어가는 말

우리 문법에서 때매김[1]을 시제로 보는 학자도 있고 시상으로 보는 학자도 있으며 시제와 시상을 구별하지 않는 것이 좋다는 학자도 있다.[2] 사실 깊이 따지고 보면 우리말의 때매김은 시제보다는 시상으로 볼 만한 점이 없지 않다. 그러나 더 자세히 살펴보면 시제로 보아야 좋을 것 같은 일면도 없지 아니하다. 따라서 이 글은 우리말에서 쓰이고 있는 때매김을 시상으로 보는 것이 합리적이겠는지 시제로 보는 것이 합리적이겠는지를 밝히고자 하는 데 그 목적이 있다. 그러나 시제는 형태, 의미, 기능 등의 여러 면에서 여러 가지로 분류할 수 있는데, 예를 들면

(1) ㄱ. 그는 책을 읽는다.

---

1) 여기서 '때매김'은 '시제', '시상'과는 관계없이 때를 매기는 것만을 나타내기 위하여 쓰는 학술용어이다.
2) 최현배, 이희승, 이숭녕, 정인승, 박지홍 교수는 '시제'로, 허웅 교수는 '때매김'으로, 남기심 교수는 '시상'으로 보고 있다.

ㄴ. 그는 어제 책을 읽는다고 하더니 아직 안 읽었구나.[3]

(2) 그는 방금 식사를 하였다.

(1ㄱ)에서 '는'을 현재를 나타내는 형태소로 보고자 하는 데 반하여 통어상으로 보면 (1ㄴ)에서의 '는다'는 서술을 나타내는 것으로 볼 수도 있겠다. 그렇다면 과연 '는'을 현재의 형태소로 볼 수 있겠는가 하는 문제가 제기되는데 허웅 교수와 남기심 교수는 '는(다)'를 서술법어미로 보고 있다.[4] (2)의 '였'은 형태를 중심으로 보면 과거이나 뜻으로 보면 완료임이 분명하다. 따라서 시제를 형태 위주로 보아서 처리할 것이냐 뜻을 위주로 하여 처리할 것이냐도 문제가 된다.

(3) ㄱ. 그가 내일 오겠다.

ㄴ. 나는 이 책을 읽겠다.

ㄷ. 나는 이것을 가질 것이다.

(3ㄱ)에서의 '겠'은 뜻으로 보면 추측이요, 형태상으로 보면 미래가 될 것이다. (3ㄴ)은 뜻으로 보면 의지가 될 것이며 (3ㄷ)의 '-ㄹ 것'은 형태론적으로 되어 있지 않으나 의지를 나타내고 있다. 그렇다면 '겠'과 '을 것'을 같은 범주로 다루어야 할 것이냐 아니면 전자는 형태적으로 다루고 후자는 통어적(modality)으로 다루어야 할 것이냐도 문제가 된다. 이와 같은 일로 여러 해 동안 숙고하여 오다가

---

3) 박지홍(1986), 『고쳐 쓴 우리 현대어본』, 과학사, 156쪽에서 따 왔음.

4) 허웅(1995), 『20세기 우리말의 형태론』, 샘문화사, 1090쪽 참조.

시제와 시상에 관한 이론이 역사적으로 어느 언어에서 시발이 되어 오늘날 우리말의 문법에서까지 다루어지게 되었으며 우리 문법에서 여러 학자들은 어떻게 다루고 있는가를 알아보고 결론적으로 글쓴이의 주장을 밝힘으로써 우리말의 때매김 연구에 일조가 되게 하고자 한다.

제**2**장

이론적 배경

1. 전통문법에서의 이론

1.1. 시제(tense)

시제에 대한 이론은, 예스퍼슨의 『문법철학』에 의하면 Madvig의 라틴 문법에서 비롯되는 것 같은데, 본래 시제란 많은 언어에는 동사형 속에 표현되는 시간표시, 소위 '시제(tense)'라는 것이 있다[1]고 설명되어 있는데, 이것을 쉽게 풀어보면 "시제란 동사에 있어서(영어에서 형용사는 굴곡을 하지 않으므로) 시간적 관계를 나타내는 문법 범주"를 말하는 것으로 볼 수 있다. 콤리는 "텐스(tense)란 시간상의 자리를 문법적으로 표현한 것이라"고 말하고 있다.[2] 위의 두 학자의 정의를 알기 쉽게 풀어 보면 '텐스란 말할이의 말하는 그때를

---

1) 오토 예스퍼슨, 이환묵·이석무 공역(1987), 『문법철학』, 한신문화사, 343쪽 참조.
2) B. Comrie(1985), *Tense*, cambridge univ. press, p. 9.

중심으로 하여 사건이 일어난 때가 과거냐 현재냐 미래냐를 나타내
는 동사의 활용 형태를 말하는 것'으로 이해된다. 예스퍼슨은 앞의
같은 책에서 시간의 삼대 구분을 다음과 같이 나누었다.

(1) ───────────── o ─────────────
       A   B   C
     (과거)   (현재)   (미래)

이 중간에 "몇 개의 시간을 넣으면 다음과 같은 표가 된다" 하고
일곱 시제로 나누었다.

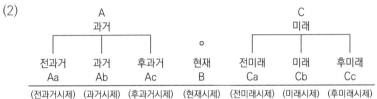

(2)
　　　　　　　　A　　　　　　　　　　　　　　　C
　　　　　　　 과거　　　　　　　　　　　　　 미래

전과거　　　과거　　　후과거　　현재　　　전미래　　　미래　　　후미래
  Aa　　　　 Ab　　　　 Ac　　　 B　　　　 Ca　　　　 Cb　　　　 Cc
(전과거시제) (과거시제) (후과거시제) (현재시제) (전미래시제) (미래시제) (후미래시제)

예스퍼슨은 (2)와 같이 시제를 일곱으로 나누고는 이 표에 가능한
모든 시간의 범주나 실제적으로 언어에 나타나는 시제들이 모두 포
함되어 있다고 주장하지는 못한다고 하였다. 그리고는 먼저 주요
구분을 다루고 다음에 하위 구분을 다룸으로써 그것들이 여러 언어
에서 어떻게 표현되는가를 조사하겠다고 하고는 시간의 주요 구분
인 단순과거시, 단순현재시, 단순미래시에 대하여 비교적 자세히
다루었는데, 그 요점을 추려서 보면 다음과 같다.

1.1.1. 시간의 중요 구분

1.1.1.1. 단순과거시제(simple past time)

영어에서는 과거시제(preterite)가 있다. (예: wrote.) 라틴어의 예 scripsi와 scribebam처럼 두 개의 시제가 있는 언어도 있다. 언어에 따라서는 먼 과거와 가까운 과거를 표시하는 별개의 과거시제가 있는 언어도 있다. 후자의 경우는 프랑스어에서 "Je viens d'écrire(나는 이제 막 썼다)."와 같이 완곡법에 의하여 표현된다. 단순과거에 대한 표현 중에서 소위 역사적 현재(historic present)도 여기에서 다루어진다. 역사적 현재를 사용하는 말할이는 역사의 틀 밖으로 걸어 나와 과거에 일어난 일을 그것이 마치 그의 눈앞에서 있는 것처럼 생생하게 표현한다. 이 역사적 현재는 아일랜드어에서 차용되어 그 나라 무용담에 자주 쓰이고 헤로도투스(Herodotus)의 작품에서 자주 쓰였다.

1.1.1.2. 단순현재시제(simple present time)

이 단순현재시를 표시하기 위하여 동사에 시제 구분이 있는 언어들은 현재시제를 사용한다. 현재시제란 이론적으로 지속성이 없는 하나의 점이다. 현재순간인 '지금'은 과거와 미래 사이의 끊임없이 이동하는 경계에 불과하며 위에 그려 놓은 선을 따라 오른쪽으로 계속 움직이고 있다. 현재시제에 관해서는 모든 언어가 가장 엄격한 의미에서 이론상의 영점인 '지금'이라는 기간 안에 들어 있기만 하면 현재가 된다는 규칙을 가지고 있다. 예를 들면

(1) ㄱ. He lives at number 7. (그는 7번지에 살고 있다.)

ㄴ. Knives are sharp.

ㄷ. Lead is heavy.

ㄹ. Water boils at 100 degrees celsius.

ㅁ. Twice four is eight.

위와 같은 영원한 진리에 관하여 우리들의 언어가 불완전하다고 잘못 이야기되고 있다. 왜냐하면, '영원한 진리'를 현재시제에 관해서만 진술하고 있기 때문이다. 현재시제가 엄밀하게는 과거와 미래에 속하는 어떤 부분과 관련되어 있다는 것을 고려할 때, 간헐적인 사건에도 적용될 수 있다.

(2) ㄱ. I get up every morning at seven.

ㄴ. The train starts at 8:32, the steamer leaves every Tuesday in winter, but in summer both Tuesdays and Fridays.

(2ㄴ)의 문장에서 현재 순간은, 이야기되고 있는 한계 내에 있다. 다시 말하면, 그것은 현재의 선박 배치와 관련되어 있고 지난 몇 년은 물론 바로 그 해에도 그와 같은 날에 떠나며 다음 몇 년 동안에도 역시 같을 것이기 때문이다.

1.1.1.3. 단순미래시제(simple future time)

우리도 미래에 대하여서는 과거에 대해서만큼 확실하게 알지 못

한다. 그러므로 미래에 대하여서는 더 애매하게 이야기할 수밖에 없다. 이에 따라 미래시제에 대하여는 여러 가지 뜻으로 복잡하게 쓰게 되는데 그 주요 방법을 개관하기로 하겠다.

1) 현재시제가 미래의 의미로 쓰인다.

이 때매김은 현재 순간으로부터 시간 차이가 그렇게 크지 않을 때 특히 용이하다. '가다'를 의미하는 동사에 있어서 현재시제가 미래의 뜻으로 쓰인다.

(1) ㄱ. I start tomorrow.

　　ㄴ. I shall mention it when I see him.

(1ㄱ, ㄴ)에서 'start'나 'see'는 미래의 일이나 현재시제로써 표현하고 있다. 우리말에서도 이전 표현은 얼마든지 있다.

(2) ㄱ. 나는 내일 떠난다.

　　ㄴ. 그를 만나면 이것을 전하여라.

　　ㄷ. 내가 가면, 그 책을 줄래?

　　ㄹ. 철수는 내일 서울 간다.

국어에서 (2ㄱ, ㄹ)과 같은 경우는 물론 연결절의 서술어는 특별한 경우를 제외하고는 현재시제로 쓰인다.

2) 의지(volition)

영어의 'will'은 어느 정도까지는 본래 의미인 진정한 의지의 흔적을 가지고 있다. 그러므로 영어의 'will go'는 "It will certainly rain before night"에서처럼 자연현상에 쓰일 때에 특별히 나타나는 바와 같이 그 기능에 접근하지만, 순수한 '미래시제'로서 거론할 수는 없다. 또한 "I'm afraid I'll die soon"(특히 스코틀랜드와 미국에서)에서처럼 일인칭에서 'shall' 대신 'will'을 쓰는 경향이 이를 증명하고 있다. 이 경향 때문에 'will'은 보통의 미래 조동사로 취급된다. 루마니아어 "voiu canta(I will (shall) sing)"에서도 미래는 의지에 의하여 표현된다. 국어에서도 '겠'이 의지를 나타내는 데 많이 쓰인다.

(1) ㄱ. 나는 이것을 먹겠다.
    ㄴ. 나는 내일 서울에 안 가겠다.
    ㄷ. 나는 돼지고기는 안 먹겠다.

국어에서 '겠'이 의지를 나타내는 것으로 이해되는 경우는 주어가 1인칭일 경우이다.

3) 생각, 의도(thought, intention)
고대 북구어 'mun'이 있다. 이것은 의지와 쉽사리 구별될 수 없다.

4) 의무(obligation)
고대 영어의 'sceal'[3)과 지금의 'shall'의 의미가 이것이다. 영어에서는 의무의 의미는 거의 소멸되었지만 이 조동사의 사용은 평서문에 있어서의 일인칭과 의문문에 있어서의 이인칭에 한정되어 있다.

---

3) 고대 영어 'Shall'+'-de' 과거를 나타내는 어미.

그러나 몇몇 부류의 종속절에서는 세 인칭 모두에 사용된다. "he is to start tomorrow(그는 내일 출발하기로 되어 있다)"에서처럼 영어의 is to 또한 이 항에 넣을 수 있다.

5) 운동(motion)
'go'와 'come'을 의미하는 동사는 흔히 미래를 표시한다. 예를 들어

(1) I am going to write.

(1)이 그것인데, 언제나 그런 것은 결코 아니지만 때로는 같은 근접 어감이 있다. 그리고 끝으로 그런 어감이 없는 예가 있다.

(2) ㄱ. I wish that you may come to be ashamed of what you have done. (나는 당신이 한 일을 부끄럽게 생각할 수 있게 되기를 바란다.)

ㄴ. They may get to know it. (그들은 그것을 알게 될 수도 있을 것이다.)

6) 가능성(possibility)
영어 may는 흔히 약간 막연한 미래를 표시한다.

(1) This may end in disaster. (이것은 비참하게 끝날지도 모른다.)

본래 가정법 현재가 미래시제로 되어 버린 라틴어의 'scribam'과 같은 경우를 여기에서 언급해도 좋을 것이다.

7) 미래를 나타내는 표현이 발달할 수 있는 다른 방법이 있다.

개념적 명령법은 반드시 미래시제와 관련이 있다. 소위 현재 명령법은 가까운 미래나 미래의 부정시 및 주로 특별히 지정된 어떤 시간에 관해서 사용되는 소위 미래 명령법을 가리킨다. '완료명령법'도 역시 미래에 관련이 되어 있는 것으로 완료의 사용은 말할이가 그의 명령이 얼마나 빨리 실현되기 바라는가를 표시하기 위한 문제상의 기교인 것이다.

(1) ㄱ. Be gone! (빨리 가버려!)
   ㄴ. Have done.

(1ㄴ)의 뜻은 'Stop at once'나 'Don't go on'과 같지만

(2) Let that which you have already done (said) he enough.
   (당신이 이미 한(말한) 것은 그것으로 충분하니 내버려 두시오)

라는 뜻을 완곡하게 표현한 것이다.

1.1.2. 시간의 하위 구분

여기서는 과거보다 앞서거나 뒤서거나 한 시제는 어떤 것을 말하는지 알아보아야 국어의 때매김 연구에 도움이 될 것 같아 다루어 보기로 하겠다.

1.1.2.1. 전과거시제(before-past time)

이 시점은 너무나도 빈번히 표현될 필요가 있어서 이 시점에 대한 특별 시제, 즉 영어의 'had written'과 이에 해당하는 게르만어와 로만스어의 표현과 같은 복합형(periphrastic)의 전과거시제(ante-preterit) (pluperfect, past perfect)를 발달시켜 놓은 언어가 많다. 고대영어에서 전과거는 단순시제에 부사 œr(before)를 덧붙여서 표시되는 일이 흔했다. "pœt pe he œr sœde"는 'what he had said'의 뜻이지만 직역하면 'that which he before said'이다. 단순과거와 전과거라는 두 시간의 관계는 다음과 같은 도표로 나타낼 수 있는바, 선은 편지를 쓰는 데 소요된 시간을 나타내고 점 C는 그가 온 시간을 나타낸다.

(1) ㄱ. I had written the letter before he came. = He came after I had written the letter. : — C

ㄴ. He came before I had written the letter. = I finished writting the letter after he had came. 또는 I wrote the letter after he had come. : ┬
C

또는 C —.

1.1.2.2.. 후과거시제(after-past time)

이 개념에 대한 단순시제(post-preterit)를 가지고 있는 언어를 예스퍼슨은 모른다고 하였다. 그러면서 영어에서 가장 많이 쓰는 것은 'was to'라 하고 다음과 같은 예를 들었다.

(1) ㄱ. Next year she gave birth to a son who <u>was to cause her</u> <u>great anxiety.</u> (그 다음 해에 그 여자는 자기에게 큰 걱정을 끼치게 될 아들을 낳았다)

ㄴ. It was Monday night. on Wednesday morning Monmouth <u>was to die.</u> <u>(Macaulay)</u> (월요일 밤이었다. 수요일 아침에 Monmouth는 죽게 되어 있었다)

ㄷ. He <u>was not destined to arrive</u> there as soon as he had hoped to do. (그는 그가 희망하였던 것만큼 빨리 거기에 도착하게 되어 있지 않았다) (Kingsley)

1.1.2.3. 전미래시제(before-future time)

이에 상응하는 시제는 보통 미래완료(future perfect)라고 한다.

(1) I shall have written. (he will have written)

영어와 독일어에 있어서 시간의 접속사 다음에서는 미래의 요소가 표현되지 않는다.

(2) I shall be glad when her marriage has taken place. (그 여자의 결혼식을 올리게 되면 나는 기쁘겠다.)

위와 같은 경우에도 시간 관계를 도표로 나타낼 수 있다.

(3) ㄱ. I shall have written the letter before he comes. = He

will come after I have written (shall have written) the
letter. : — C

ㄴ. He will come before I (shall) have written the letter. =
I shall finish writing the letter after he come. 또
는 I shall write the letter after he has come. ㅜ
또는 C —. C

1.1.2.4. 후미래시제(after-future)

이 시제는 주로 이론적인 관심사이다. "I shall be going to write(나
는 쓸 예정이다)."(이것은 주로 미래시제에 대한 시간의 접근을 의미한다.)
후미래시제는 미래의 어느 시점에서 아직 일어나지 않은 일에 대한
자연스러운 표현을 부정문이라고 말해야 한다. 영어의 다음 예를
보자.

(1) If you come to seven, we shall not yet have dined. (…the
sun will not yet have set.) (당신이 7시에 오면 우리는 아직 식사
를 <u>하지 않았을</u> 것이다.) (…해는 아직 <u>지지 않았을</u> 것이다.)

괄호 속의 풀이 중 밑줄 부분을 보면 (영어의 경우도 그렇지마는)
'-지 않았을'로 되어 완료의 부정형으로 되어 있다. 그러나 사실상
위와 같은 문장은 우리말에서 존재하느냐 하는 문제가 제기되어 이
런 형식의 때매김을 용인할 것인가가 문제된다.

1.1.3. 시제의 비시간적 사용

1.1.3.1. 미래시제는 현재에 관련된 단순한 가정이나 추측을 표현하는 데 사용된다.

보통 시간 관계에 대한 문법적 표현이 다른 개념적 목적에 사용되는 경우가 있다. 그래서 미래시제는 흔히 현재에 관련된 단순한 가정이나 추측을 표현하는 데 쓰인다.

(1) He will already be asleep. (그는 벌써 잠들어 있을 것이다.)

(1)은 다음과 같은 문장으로 표현되는 뜻이 될 것이다.

(2) I suppose that he is asleep.
   (나는 그가 잠들어 있을 것이라 생각한다.)

그리고 또

(3) He will have seen it. (그는 그것을 보았을 것이다.)

와 (4)도 위 1.1.3.1에서 말한 것에 해당된다.

(4) He has probably seen it. (그는 이미 그것을 보았을 것이다.)

미래시제에 관하여는 단순히 가정과 추량만을 나타낸다고 주장

할 수밖에 없다는 것이 사실이다. 그리고 이와 같은 사실은 이 경우에 마치 미래와 가정이 동일한 것 같아 언어적으로는 반대가 된다. 또는 그 생각이 다음과 같을 수도 있다.

(5) It will (some time in the future) appear that he is already (at the present moment) asleep. ('그가 현재 순간에' 벌써 잠들어 있다는 것이 '미래 어느 때에' 알려질 것이다.)

이것은 미래를 의미하는 'hope'를 다음과 같이 현재나 완료의 종속절과 함께 쓸 수 있는 것과 같다.

(6) ㄱ. I hope he is already asleep.
ㄴ. I hope he has paid his bill.

이것은 'It will turn out later that he is now asleep or has now paid' 의 뜻이다.

1.1.3.2. 과거형의 비시간적 용법은 비현실성이나 불가능성을 표시할 때 사용된다.

과거형의 가장 중요한 비시간적 용법은 비현실성이나 불가능성을 표시할 때 사용된다는 사실이다. 이 같은 사실은 소원과 조건문에 보인다. 만일 이 용법과 과거의 정상적인 시간적 용법 간의 논리적 관계를 갖고자 한다면 공통된 연결은 이 모든 경우에 있어서 현재시제에 관하여 무엇인가가 부정되어 있다고 말할 수 있다는 것이다.

(1) ㄱ. At that time he had money enough.

　　(그때에 그는 돈을 충분히 가지고 있었다.)

　ㄴ. I wish he had money enough.

　　(나는 그가 돈을 충분히 가지고 있으면 좋겠다.)

　ㄷ. If he had money enough.

　　(만일 그가 돈을 충분히 가지고 있다면.)

이들 문장은 어느 것이나 제 각각

　ㄹ. He has money enough. (그는 돈을 충분히 가지고 있다.)

와 대조가 된다.

　ㅁ. I wish he had money enough.

ㅁ은 과거시제에 의하여 현재시제(시간)에 관한 소원을, 그리고 동시에 불가능성과 비현실성(unfortunately he has not money enough)을 표현한다. 이와 마찬가지로

　ㅂ. I wish he had had money enough.

에서 전과거는 과거 어떤 때에 관한 소원을 표현하고 동시에 그가 그때 돈을 충분히 가지고 있었다는 사실을 부인한다. 그러나 보통 미래시제(시간)에 관해서는 어떤 것이든 그렇게 명확하게 부정할 수가 없다. 그러므로 상응한 시제의 교체(will 대신 would)는 단순히 실

현의 불확실성을 표현하는 데 도움이 될 따름이다.

ㅅ. I wish he would send the money tomorrow.
(나는 그가 내일 돈을 부쳐 주었으면 좋겠다.)

한편

ㅇ. I hope he will send the money tomorrow.
(나는 그가 내일 돈을 보내 주기를 바란다.)

는 실현의 가능성에 대해서는 아무 말도 없이 소원을 나타낸다. 조건절에서도 같은 교체가 보인다.

ㅈ. If he had money enough.

위는 현재시제와 관계가 있어서 그가 돈을 충분히 가지고 있다는 사실을 부정한다.

ㅊ. If he had had money enough.

위는 과거와 관계가 있어서 그가 돈을 충분히 가지고 있었다는 것을 부정한다. 또한 현재시제에 있어서의 비현실성을 표시하기 위하여 사용되는 과거가

ㅋ. It is high time the boy went to bed.

(그 소년은 이제 잠잘 시간이다.)

에서처럼 결과적으로 미래를 말할 때에도 쓰일 수 있게 된다는 것은 흥미롭다. 소원과 조건에 있어서 비현실성과 불가능성은 원래는 시제 교체 그 자체에 의해 표시하지 않고 직설법을 가정법으로 교체하여 나타냈다. 그러나 덴마크어에서는 오늘날 과거시제(그리고 전과거시제)에는 두 법(mood) 간의 형식상의 구별은 없다. 그래서 의미의 변화는 단지 시제에 따라 결정된다. 이 경우 영어에 있어서도 99% 이상이 그렇다. 왜냐하면 단 하나의 동사 be의 단수를 제외하고는 고대의 과거시제 가정법이 과거시제 직설법과 동형이기 때문이다. 그런데 동사 be의 경우는 아직도 'was'와 'were'가 구별되고 있다. 그렇기 때문에 수세기 전이라면 'were'가 요구되었을 곳에 'was'를 사용하지 못한 만큼 'was'와 'were'의 차이에 대한 직감적인 느낌이 명확하지 않다는 것은 쉽게 이해할 수 있다. 1700년 경 이래 점차 'was'가 이들 위치에 많이 쓰여 왔다. 예를 들면 다음과 같다.

ㅌ. I wish he was present to hear you. (Defoe)

ㅍ. A murder behind the scenes will affect the audience with great terror than if it was acted before their eyes. (Fielding)

문어에서는 최근 'were'에 유리한 반응이 일어나고 있으며 대부분의 교사들이 이를 선호하고 있다. 그러나 구어에서 'were'는 "If I were you"라는 경우를 제외하고는 비교적 드물다. 그리고 'was'가 'were'보다는 결정적으로 보다 의미가 강하다고 말하는 것이 타당

하며 고대의 가정법 형식보다 불가능성을 더 잘 표시한다고 말할
수 있겠다.

    ㅎ. I am not rich. I wish I was

       I am ill, if I wasn't, I should come with you.

위의 경우처럼 흔히 부정형으로 쓰인다. 이렇게 하여 약한 'were'
로써 막연히 미래의 가능성을 표시하는 'If he were to call'과 강한
'was'로서 'he is to call(now)'(여기에서 is to의 용법은 has to, is bound
to와 거의 동의적이다.)을 부정하는 'If he was to call'은 구별된다.

    ㄱ′. If I was to open my heart to you, I could show you
       strange sight. (만일 내가 당신에게 내 마음을 열어 보인다면
       이상한 광경을 보여 줄 수 있을 것이다.) (Cowper)
    ㄴ′. If I was to be shot for it I couldn't. (이것 때문에 내가 총살을
       당한다고 하더라도 나는 그럴 수가 없다.) (shaw)

여기에서 저자는 조건(가정)절에 있어서의 시제만을 이야기하였
는데 원래는 피조건절(주절)에도 같은 규칙이 적용되었다. 예를 들면

    ㄷ′. But if my father had not scanted me, ⋯ yourself,
       renowned prince, than <u>stood</u> as faire as any comer. (그
       러나 만일 제 아버지께서 저에게⋯ 제한을 가하지 않으셨더라면,
       고명하신 전하께서도 찾아 오신 어느 분에 못지 않게 제 애정의
       후보자로서 유력하다고 생각합니다.) (Sh.)

ㄹ′. She <u>were</u> an excellent wife for Benedick. (그 여자는 Benedick에게는 훌륭한 아내일 <u>것이다</u>.)

또, 전과거시제에서도 같다.

ㅁ′. If thou hadst bene here, my brother <u>had not died</u>. (당신이 여기 있었더라면 내 형은 <u>죽지 않았을 것이다</u>.) (A.V.)

그러나 종속절에서보다는 주절에서 더 명확하게 미래를 표시하려는(이것은 영어에서는 'will'이나 'shall'의 사용에 영향 받는다.) 강력한 경향이 있는 것과 꼭 같이, 이들 조건이 붙은 문장에 있어서의 보다 짧은 표현은 'should'나 'would'를 가진 더 완전한 문장에 의하여 대체되었다.

ㅂ′. a. You would stand.
　　 b. She would be.
　　 c. My brother would not have died. 등등

'could'와 'might'가 부정사가 없어서 'should'나 'would'와 결합될 수 없기 때문에 아직도 구문에서는 옛날 방법으로 사용된다. 예를 들면 다음과 같다.

ㅅ′. ① How could I be angry with you.
　　　(내가 어떻게 당신에게 화를 낼 수가 있겠습니까?)
　　 ② He might stay if he liked.

(만일 그가 좋다면 머물러도 될 것이다.)

비현실성을 나타내는 과거시제의 특별한 사용은 현재시제에 있어서의 책임이나 의무 등을 나타내는 'should'와 'ought'의 사용에서, 그리고 'can'의 의미로 쓰이는 'could'(Could you tell me the right time?), 'will'의 의미로 쓰이는 'would'(would you kindly tell me⋯?)와 'may'의 의미로 쓰이는 'might'(Might I ask⋯?)의 정중한 사용에서 보인다. 그렇게 되어 마침내는 과거시제의 'must'가 현재시제로 변하게 되었다.

1.1.4. 영어의 확충시제(정시제, 진행시제, 계속시제)

영어에서 보면 is writing, was writing, has been writing, will(shall) be writing, will(shall) have been writing, would(should) be writing, would(should) have been writing, 그리고 수동의 예를 보면 is being written, was being written 등이 있다. 확충시제의 의미는 본질적인 지속이 아니고 어떤 다른 행동에 의해 점유된 더 짧은 시간과 비교하여 상대적인 지속을 표현하는 것이다.

(1) Methuselah lived to be more than nine hundred years old.
    (므두셀라는 900살이 넘도록 살았다.)

에서는 확충되지 않은 'lived'가 매우 긴 시간을 나타내고 있다.

(2) He was raising his hand to strike her, when he stopped short. (그는 그 여자를 때리려고 손을 올리고 있다가 갑자기 그만

두었다.)

에서는 아주 짧은 동안에 지속되는 행동이 확충시제에 의하여 표현되고 있다.

심리상태, 감동 등을 나타내는 동사는 일반적으로 확충시제로 사용될 수 없다. 이 사실은 'is on -ing'라는 결합으로부터 시작한다면 쉽게 설명된다. 왜냐하면,

(3) He is on (engaged in, occupied in) liking fish.

라고 말할 수는 거의 없기 때문이다. 그럼에도 불구하고 지나가는 상대에 대하여 말할 때는 'I am feeling cold'라고 말할 수 있다. 'go', 'come'과 같은 동작을 나타내는 동사의 확충형에 대하여는 특별히 언급하여야 한다. 이와 같은 동사들은 첫째 본질적으로 시발동작이라는 관념을 불려 일으키지 않는 어떤 특별한 의미를 갖는 곳이면 어디에서나 보통 방법으로 사용된다.

(4) ㄱ. My watch has stopped, but the lock is <u>going</u>.
   ㄴ. Things <u>are coming</u> my way now.
   ㄷ. You <u>are going</u> it, I must say.
      (당신이 정신 차려야 한다고 말해야겠다.)

두 번째로, 오거나 가는 단일 동작이 문제되지 않는 경우에 사용될 수 있다.

(5) ㄱ. The real hardships <u>are now coming</u> fast upon us.

ㄴ. She turned to the window.

ㄷ. Her breath was <u>coming</u> quickly.

ㄹ. Cigarettes <u>were then coming</u> into fashion.

그러나 대부분의 경우에 'is coming', 'is going'은 많은 언어에서 이에 상응하는 동사가 정확히 현재시제에서 미래시의 의미를 얻게 되는 것과 같이 미래에 사용된다. 경매인은 "going, going, gone(팔립니다. 팔립니다. 팔렸습니다.)"라고 말한다. 다음에도 또한 그렇다.

(6) ㄱ. I <u>am going</u> to Birmingham next week.

ㄴ. Christmas <u>is coming</u>, the geese are getting fat.

그리하여 'he is going to give up business'와 같이 가까운 미래에 대한 표현까지도 생기게 되었다.

현대 영어에 있어서 대부분의 확충시제 사용은 지금까지 제시된 규칙으로 설명될 것이다. 확충형은 어떤 일이 일어나는 시간 한계를 생각하게 하는 한편 단순형은 시간 한계를 나타내지 않는다.

(7) ㄱ. He is staying at the Savoy Hotel.

ㄴ. He lives in London.

ㄷ. What are you doing for a living? I am writing for the papers.

ㄹ. What do you do for a living? I write for the papers.

위에서 (7ㄱ)과 (7ㄴ), (7ㄷ)과 (7ㄹ)을 비교하여 보면 습관은 일반적으로 비확충시제로 표현해야 한다.

그러나 만일 습관적 행동이 그 외의 어떠한 것에 대한 틀로서 간주되면 확충시제가 필요하다.

(8) ㄱ. I realize my own stupidity when I <u>am playing</u> chess with him.

ㄴ. Every morning when he <u>was having</u> his breakfast his wife asked him for money.

한편 시간에 있어서의 완전한 동영상(coextension)은 다음의 두 문단에서 확충과거시제에 의하여 표현될 수 있다.

(9) Every morning when he was having his breakfast his dog <u>was staring</u> at him.

현재 순간을 나타내는 'He is being polite'와 그 사람 성격의 분별의 특성을 나타내는 'he is polite'와의 구별이 이제 겨우 인식되기 시작하고 있지만 영속적인 상태와 대조되는 일시적인 상태를 표현하기 위한 확충형의 사용은 아주 최근 단순동사 be에까지 이르게 되었다.

1.1.5. 시제에 관한 용어

현대 언어에서는 여러 가지 조동사가 광범위하게 사용되므로 모든 가능한 결합에 대하여 특별한 이름을 부여하는 것은 불가능하거나 적어도 비실용적인 것으로 되었다. 그리고 많은 결합이 두 가지이상의 기능을 가지고 있기 때문에 더욱 그렇다. 실제로 'would have written'에 대하여 'Future perfect in the past(과거에 있어서의 미래완료)'와 같은 명칭은 필요 없다. 그 까닭은 이미 보았듯이 'would have written'은 주요 용법에 있어서 미래시제와는 전혀 관계가 없고 'would'는 의지라고 하는 본래의 의미의 흔적을 아직도 어느 정도 보유하고 있기 때문이다. 만일 미래시제의 예로서 "I shall write, you will write, she will write"를 든다면 'he says that he shall write'에서 'he shall write'를 'I shall write'가(간접화법으로) 전환된 것이라고 생각할 때 난관에 부딪히게 된다. 만일 각 조동사의 본래 의미와 그 후의 약화된 의미를 알아보고 한편으로 미래(미래시제)가 영어에서는 때에 따라 약화된 'will'(의지)이나 악화된 'shall', 또는 'is to'(의무), 때로는 그 밖의 수단(is coming) 같은 여러 가지 장치에 의하여 표현되지만 어떤 형식상의 표시 없이도 문맥 가운데 함축되어 있는 수도 흔히 있다는 것을 보여 준다면 학생들에게 이 모든 사실을 이해시키기가 더욱 쉬울 것이다. 따라서 'I shall go'와 'He will go'는 미래시제가 아니라 현재시제의 조동사와 부정사를 포함한다고 말할 수 있을 것이다. 시간 개념은 주동사의 시제에 의존하기 때문이다. 특별 시제 명칭에 대한 근거가 있는 유일한 경우는 'have written(had written)'이다. 왜냐하면 'have'의 보통의미는 이 경우 완전히 상실되고 그 결합은 하나의 매우 특별한 시간관계를 표시하는 일만을 전적으로 도와주고 있기 때문이다. 그러나 여기에서까지도 '완료(perfect)'라는 명칭이 없는 것이 더 좋지 않을까 하는 문제가 제기될 수도 있다.

영어에서는 "I am glad to see you"는 현재시제를, "I was glad to see her"는 과거시제를, "I am anxious to see her"는 미래시제를 나타낸다. 맨 끝의 예는 특수한 보기이다. 즉 "he anxious to"라는 관용구가 미래를 나타내는 것이다.

1.2. 상(aspect)

1.2.1. 정의

동사에 관한 문법범주의 하나로, 동사가 나타내는 동작·상태의 양상을 보는 관점과 그것을 나타내는 문법 형식이다. 콤리(Comrie, 1976: 3)는 의미면에서 상을 "어떤 사태의 내부에 있어서의 시간적 전후 구성에 관한 여러 가지 관점의 다름을 상이라 한다"고 하였다.

(1) John was reading when I entered.

(1)에서 'I entered'라는 문장은 내가 들어간다는 사건을 하나의 점으로서 보고 있다. 즉 시작, 중간, 끝이 하나의 점 안에 포함되어 있어서 '들어간다는 행위'를 그 이상 분할하지 않고 제시하고 있다. 이와 같은 뜻을 갖는 상태를 완결상이라고 한다. 한편 (1)의 전반부 'John was reading'은 존이 독서하는 중간부를 가리키고 있다. 즉 사건 내부의 시간적 구성에 주목하고 있는데 이와 같은 뜻을 가지는 것을 비완결상이라 한다. 콤리(Comrie)는 완결상을 습관상과 계속상으로 나누고 계속상을 진행상과 비진행상으로 나누고 있다. 찰레스톤(Charleston, 1955: 263~270)은 동작·상태가 어떤 한 시점에서 끝났는

가 끝나지 않았는가를 말할이의 마음의 눈을 통하여 보는 것이 상이
라 한다고 하면서, 첫째 어떤 시점에서 그 활동, 상태가 과거의 어느
시점에서 시작하여 어떠한 시간을 경과하여 완료하였다고 보는 관
점, 즉 완료형은 완료상, 회고상을 나타낸다고 하였고, 둘째 그 활동,
상태가 과거 어느 시점에서 시작하여 아직 경과 중에 있어서 미완료
라고 보는 경우, 즉 진행형은 미완료상을 나타낸다고 하였다. 셋째
그 활동, 상태가 아직 개시되고 있지 않으나 일어나려고 하고 있다고
보는 경우로, 즉 'be going to'의 형식은 전망상(prospective aspect)을
나타낸다고 하여 위 세 상을 단계적상이라 하였다. 위의 구분은 주관
적 입장에서 본 것이다. 그리고 그는 전망상 미래시제는 아주 희박하
다 하였다.

　인구어는 처음에는 시제 구분을 위한 진짜 형식이 동사에 없었고
완료상, 미완료상, 일시상(panctual), 계속상(durative), 기동상(inceptive)
등 여러 가지 상을 표시하였으며 이러한 구분으로부터 가장 오래된
인구어에 나타나 있고 현존 체계의 기초가 되는 시제 체계가 점차
발달되었다는 것이 일반적인 가정이다. 학자들은 스라브어 동사로
부터 상에 대한 이러한 생각을 얻게 되었는데, 스라브어에서 상은
기본적인 것이며 비교적 명확하고 뚜렷하다. 상에 관한 한, 학자들
은 자신들의 용어를 만들어 내었는데, 가능한 네 가지 표현, 즉 (1)
동사 그 자체의 보통 의미, (2) 문맥이나 상황에 따라 생기는 동사의
의미, (3) 파생적 접미사, (4) 시제 형식을 반드시 구별하지 않았다.
Charleston은 다음과 같은 가능성에 관하여 논하고 있다. 즉 말할이
가 동작·상태의 일부를 현미경으로 확대하여 바라보는 것 같이 미
시적으로 주시하는 입장을 취하고 있다. 말할이의 관심은 동작·상
태의 개시, 계속, 종료, 반복의 어느 것에 집중된다.

기동상: 어떤 동작 상태가 시작된다든가 어떤 상태에서 다음 상태로 변하는 것을 나타내는 동사 즉 기동동사로 집중된다. begin, commence, start, fall to, come to 등에 의한 상이다.

계속상 또는 진행상: 동작 상태가 계속하고 있음을 나타내는 계속동사로 표시된다. go on, continue, remain 등에 의한 상을 말한다.

종지상, 종동상 혹은 결과상: 동작 상태의 종료나 완성을 나타내는 결과동사로 표시된다. cease, finish, leave off 등에 의한 상이다.

반복상: 동작의 반복을 나타내는 동사로 표시된다. 이상의 상을 Charleston 은 단면적상이라 부르고 있다.

위의 구분은 모든 언어에 다 적용될 수 있는 것은 아니라고 보아지는데, 낱말 하나하나의 뜻에 따라 상을 인정한다는 것은 합리적이라고 보기 어렵기 때문이다. 예스퍼슨은 고트어에서 완료화(perfectivation)는 첫째는 '종료', 두 번째는 '변화', 세 번째는 '행동을 통한 얻음' 등이라 하고 이는 시간 구분이나 시제 구분과는 아무 관계가 없다 하였다.[4]

1.2.2. 완료[5]

완료는 현재이지만 과거에서 이어지는 현재다. 그것은 과거 사건의 결과로서의 현재 상태를 나타내므로 현재의 소급적인 변종이기 때문이다. 완료는 지금의 상태를 의미한다.

---

4) 오토 예스퍼슨, 이환묵·이석무 공역(1987), 앞의 책, 389쪽 참조
5) 위의 책, 363~386쪽에 의거함.

(1) He has become mad.

완료는 원래 상태를 나타낸다. 고대 완료형 중 약간은 전적으로 진짜 현재로만 사용된다. 게르만어에서 완료였던 것이 현재라는 요소를 잃어버리고 영어의 'drove', 'sang', 'held'처럼 순수한 과거가 되었다. 그 다음 완료의 의미를 표현하기 위하여 'have'와의 복합형이 형성되었다. 예를 들면 'I have driven'과 같다. 옛날 과거시제와 완료형의 혼성으로 생긴 라틴어의 완료형은 그 두 가지 시제의 통사적 기능을 아울러 가지고 있었다. 그러나 로만스어의 동사에서는 옛날 완료형이 완료 기능을 잃고 순수한 과거시제가 되었다. 왜냐하면 그것들과 나란히 미완료형이 있기 때문이다. 그런데 이들 새로운 완료형에 현재시제형 'have'를 사용함에도 불구하고 과거사건의 현재 결과라는 관념과 이들 과거사건 그 자체에 관한 관념 간의 분명한 구별이 계속 유지되기가 어려워 보인다. 그래서 완료형은 단순히 과거시제가 되는 경향이 있다. 'yesterday'나 'in 1897'과 같은 말을 포함하고 있는 문장은 단순과거시제를 필요로 한다. 시간의 표시가 앞에 오면 과거시제가 요구된다. 영어를 비롯하여 스페인어, 프랑스어 등 완료형으로부터 과거형으로의 이행은 전반적인 경향에 기인한 듯하다. 소급적인 과거시제, 예를 들면 'had written'은 완료형이 현재에 대하여 가지고 있는 것과 같이 과거의 어떤 시기에 동일한 관계를 가지고 있지만, 상술한 전과거(ante-preterit)6)와 구별될 수 없다. 이와 마찬가지로 위에서 전미래(전미래시제)라고 했던 것도 소급미래, 즉 'will have written'과 구별될 수 없다. 'have'동사를

---

6) 1.1.2. '시간의 하위 구분' 참조.

이용한 완곡어법은 사람들이 이들 두 시제를 단순과거시제보다는 완료형에 더 대동한 것으로 보고 싶어 한다는 것을 지시하는 것 같다. 그리하여 과거완료(had perfect)와 미래완료(future perfect)라는 명칭도 여기에서 나온 것이다.

2. 일본말에서의 때매김에 대한 설명

일본말은 우리말과 상당히 가까운 언어이다. 따라서 일본 학자들은 그들의 때매김을 어떻게 다루고 있는가를 앎으로써 우리말의 때매김 문제를 해결하는데 다소 도움이 될 것이기 때문에 그들이 설명한 것을 우리말로 옮겨서 보이기로 한다.[7]

2.1. 텐스(tense)

텐스란 이야기때를 기준으로 하여 당해 사태의 때를 정하는 것을 말한다. 구체적으로는 이야기때보다 앞의 것을 과거, 이야기때와 동시의 것을 현재, 이야기때보다 뒤의 것을 미래라고 하는 식으로 때를 정하는 것을 말한다. 텐스를 나타내는 것에는 대별하여 '지난달', '다음주'나 '이미'와 같이 때를 나타내는 명사, 부사와 서술어의 형태에 의하여 결정하는 두 종류가 있다. 명사, 부사는 임의적으로 나타나는 데 대하여 서술형은 반드시 선택하여야 한다는 의미에서 문법면에서 아주 중요하다. 그러므로 서술형에 초점을 맞추어 텐스

---

7) 益岡隆志 외 3인(2004), 『文法』(언어과학5), 東京: 岩波書店, 60쪽 이하에 의함.

를 살펴보기로 한다. 서술어 서술형을 가지는 문장 중에는 텐스를 가지지 않는 것도 있다는 것에 대하여 간단히 언급하겠다.

(1) ㄱ. 태양은 동쪽에서 뜬다.

ㄴ. 야채를 큼직큼직하게 썰어서 솥 안에 넣는다.

(1ㄱ)과 같이 진리를 나타내는 문장이나 (1ㄴ)과 같은 작업의 절차를 나타내는 문장인데, (1ㄴ)과 같은 작업의 절차를 나타내는 문장에서는 서술어는 서술형으로 표시되나 이 경우, 과거, 현재, 미래 중의 어떠한 때를 나타내는 것은 아니고 그와 같은 시간의 흐름을 초월하여 있다는 점이 특징적이다. 시간의 흐름을 초월하여 있다는 의미에서 텐스를 가지지 않는다고 말하여도 좋을 것이다. 이러한 문장을 제외하면 문장 끝의 서술형이 어떻게 굴곡하느냐에 따라 어떠한 텐스를 나타낸다. 그러면 '서술형'은 구체적으로 과거, 현재, 미래의 어느 것을 나타낼까? 이 문제를 살피는 데 있어서 서술어가 동적인 성질의 것이냐 상태적인 성질의 것이냐에 따라 사정이 달라지므로 이 양자를 구별하여 살피기로 한다.

먼저 상태적인 서술어의 경우는 다음 보기에서 나타나는 바와 같이 서술형은 현재의 상태나 현재까지의 상태, 과거의 특정 시점의 상태 또는 과거의 특정 시점까지의 상태를 나타낸다.

(2) ㄱ. 지금은 매우 바쁘다. (현재의 상태)

ㄴ. 요즈음 계속 바쁘다. (현재까지의 상태)

(3) ㄱ. 어제는 매우 바빴다. (과거의 특정 시점의 상태)

ㄴ. 어제까지 계속 바빴다. (과거의 특정 시점까지의 상태)

어떤 상태의 완료가 현재에 이르러 있으면 서술형이 쓰이며 어떤 상태가 확실하게 존재할 것을 알고 있으면 서술형이 선어말어미 없이 미래의 상태를 나타낼 수도 있다.

(4) 내일도 틀림없이 바쁘다.

한편 서술어가 동적인 경우에는 서술형은 미래시점을 나타내고 '-았/었다'가 되면 과거시점을 나타낸다. 이런 사실은 다음과 같은 예에서 찾아볼 수 있다.

(5) ㄱ. 얼마 있으면 올림픽이 시작된다. (미래시점)
    ㄴ. 어제 올림픽이 시작되었다. (과거시점)

다만 서술형은 선어말어미 없이 다음 보기와 같이 동작의 반복이나 습관을 나타낼 수 있다.

(6) 요즈음 비가 자주 온다.

또 동적인 서술어 가운데는 서술형으로써 현재를 나타내는 것이 있다. 감각, 지각을 나타내는 동사나 사고(思考)동사의 경우가 그렇다.

(7) ㄱ. 생선을 굽는 냄새가 난다.
    ㄴ. 오른쪽에 우체국이 보인다.
    ㄷ. 자네가 말하고 싶은 것은 잘 안다.
    ㄹ. 너는 그것으로 좋다고 생각한다.

자세히 말하면 '바쁘다'와 같은 상태를 나타내는 서술어가 현재를 나타내는 경우와 감각, 지각을 나타내는 동사나 사고(思考)를 나타내는 동사가 현재를 나타낸다고 할 경우에는 다소의 의미 차이가 있는 것으로 보인다. 즉, 상태의 서술어가 현재의 상태를 나타낸다고 할 경우, 과거에서 현재에 이르고 다시 미래로 지향한다는 시간의 폭이 있는 데 대하여 감각·지각의 동사나 사고의 동사가 현재를 나타낼 때는 현재시 그것만을 나타낸다고 생각된다. 예를 들면 (7ㄱ)과 (8ㄱ)에서는 후자는 시간의 폭을 가지고 있으나, 전자는 그렇지 않다는 차이가 있다고 생각된다.

(8) ㄱ. 아까부터 생선을 굽는 냄새가 나고 있다.

그러나 일본말과는 달리 우리말의 경우는 감각·지각·사고동사라도 시간의 폭을 가질 수 있다.

(9) ㄱ. 아까부터 생선 굽는 냄새가 난다.
　　ㄴ. 나는 어제 그가 말한 것을 기억한다.

다음의 예를 보자.

(10) ㄱ. 앗, 떨어진다. 떨어진다. 떨어졌다.
　　ㄴ. 열차가 도착하였습니다.

(10ㄱ)은 우리가 야구장에 가서 공이 떨어지는 것을 보고 한 말로 생각한다면 '떨어졌다'의 때매김을 현재로 보아야 하느냐 과거로

보아야 하느냐 문제이나, '떨어졌다'는 말은 공이 떨어지고 난 후에
한 말이다. 그러므로 아무리 말할 그 때에 가까운 때라 하더라도
이 경우는 과거로 보아야 한다는 것이 올바른 태도일 것이다. 이와
같이 (10ㄴ)은 지하철역에서 보면, 열차가 들어오면 전광 안내판에
빨간 글자로 '열차가 도착하였습니다'로 나타나는데, 이 경우도 (10
ㄱ)과 같이 보아야 할 것 같다.

다음에는 종속절의 텐스에 관하여 살펴보기로 하자.

문장 끝의 텐스는 말할 때를 기준으로 하였다. 이에 대하여 종속
절의 텐스는 주절의 사태를 기준으로 하는 것이 적지 않다. 다음
예를 보자.

(11) ㄱ. 새가 <u>날아가는</u> 것이 <u>보였다</u>.

　　ㄴ. 이 <u>영화를 보기</u> 전에 원작본을 <u>읽었다</u>.

　　ㄷ. <u>이 책을 읽은</u> 후에 바로 <u>레포트를 작성하였다</u>.

(11ㄱ)에서 '보였다'는 시점과 '새가 날아가는' 시점은 같은 때이
다. (11ㄴ)은 '영화를 보기' 시점은 '원작본을 읽었다'는 시점보다 뒤
이다. (11ㄷ)은 '이 책을 읽은' 시점은 '레포트를 작성한' 시점보다
먼저이다.

한편 종속절과 주절이 다 같이 말할 때를 기준으로 하는 경우도
있다.

(12) ㄱ. 그저께도 일이 순조롭게 되지 않았고 어제도 또한 순조롭게 되지
　　　　않았다.

　　ㄴ. 지난달에 산 책을 지난주에 친구에게 빌려 주었다.

위에서와 같이 종속절의 텐스를 정하는 기준이 되는 것에는 <u>말할 때</u>와 <u>주절의 사태</u>에 의한 때 등이 있다. 일반적으로 전자를 <u>절대적 텐스</u>, 후자를 <u>상대적텐스</u>라 한다. 경우에 따라서는 종속절이 절대적텐스와 상대적텐스의 양쪽을 허용하는 경우가 있다.

(13) 공원에서 <u>놀고 있을 때</u>/<u>놀고 있었을 때</u>, 어떤 남자가 말을 걸어왔다.

2.2. 아스펙트(Aspect)[8]

아스펙트는 텐스와 밀접한 관계를 가지고 있다. <u>아스펙트는 사태가 가지고 있는 내적인 시간 구성을 실현하거나 분별하여 나타내는 데 관한 문법 범주이다.</u> 다시 말하면, 동적인 사태의 시간적인 전개에 있어서 여러 가지 단계(국면)을 나타내는 것이라고 말할 수 있다. 구체적으로는 사태가 시작하기 전 단계, 사태가 시작되어 있으나 끝나지 않은 단계, 사태의 마지막 단계, 사태의 마지막 상태가 지속하고 있는 단계 등의 여러 단계가 문제가 된다.

(1) 이 책은 벌써 읽었느냐?

위의 문장을 텐스의 개념만으로 해결하려고 하면 충분한 특징을 부여할 수가 없다. <u>이 문장은 시제의 면(-느냐?)과 아스펙트면(-었-)의 양면을 가지고 있다. 즉 시제면으로는 현재를 나타내고 아스펙트면에서는 사태의 마지막 단계를 나타낸다고 볼 수 있다.</u> 사태의

---

8) Aspect에 관해서는 위의 책, 64~68쪽을 그대로 옮겨 놓은 것임.

실현·미실현이란 사태가 전개 중 끝 국면에 이르렀느냐 않았느냐의 문제라고 생각하자는 것이다.

(2) 벌써 책을 읽었다.

(2)에서 보면 '-었-'은 사태의 종료를 나타내고 '-다'는 말할이가 문장을 끝맺는 시제를 나타낸다. 이렇게 보면 '-었다'는 이 양자를 다 나타내고 있다. 그렇다면 순수한 아스펙트의 표현에는 어떤 것이 있는가 하는 문제에 봉착하게 된다.

국어에서는 '-고+있다/-어+있(다)/-어 놓다(두다)/-어 버리다/-어 가다/-어 오다' 등이 있는데 이와 같은 아스펙트를 이차적 아스펙트라 한다.

'-고+있다'는 동작이나 사태의 계속을 나타낸다. 이것은 다음과 같은 용법이 있다. 즉, 습관, 반복하는 동작, 또는 반복하는 사태 등을 나타낸다.

(3) ㄱ. 나는 요즈음 아침에 30분 정도 산보하고 있다. (습관)
    ㄴ. 지구는 태양의 주위를 돌고 있다. (진리)
    ㄷ. 그는 매일 시장에서 생선을 팔고 있다. (반복되는 행위)
    ㄹ. 시계는 언제나 돌아가고 있다. (반복되는 동작)
    ㅁ. 그곳에는 항상 전쟁이 일어나고 있다. (반복되는 사태(사건))
    ㅂ. 이 꽃은 요즈음 매일 피고 있다. (반복되는 상태)

위의 '-고+있다'에 반하여 '-어+있다'는 어떤 동작이 완료되어 그 결과가 상태를 나타내고 있음을 말할 때 쓴다.

(4) ㄱ. 삼각산이 높이 <u>솟아 있다</u>.

ㄴ. 문이 <u>닫혀 있다</u>.

또 다음의 예를 보자.

(5) 미국은 1945년에 태평양전쟁에서 일본을 <u>이겨 내었다</u>.

(5)는 1945년에 태평양전쟁에서 미국이 일본을 이겨 내었다는 과거의 사실이 현재에 있어서 어떠한 의의가 있는가가 잘 나타나 있는데, 과거의 어떤 사건, 동작이 현재와 어떻게 관련되어 있는가를 문제 삼고 있다.

다음으로 '<u>되어 있다</u>'와 같이 수동 형태로 되어 있을 때는 어떤 행위의 결과, 그 행위가 실현한 상태를 나타낸다는 사실이다. 이와 같은 경우는 어떤 목적을 위하여 그 행위가 이루어졌다는 함의가 있다는 점에 유의하여야 할 것이다.

(6) ㄱ. 책상 위에 꽃이 <u>장식되어 있다</u>.

ㄴ. 좌석이 <u>예약되어 있으므로</u> 안심이다.

ㄷ. 그 일의 일정이 <u>잡혀 있으니</u> 안심이다.

다음에는 '-하여 버리다'로 되는 형식인데 이는 어떤 동작이나 일이 마지막 단계에 이르러 있어서 다시는 본래의 상태로 돌이킬 수 없다는 기분을 함의하고 있다.

(7) ㄱ. 엉뚱한 말을 <u>하여 버렸다</u>.

ㄴ. 잘못하여 집에 불을 <u>내어 버렸다</u>.

(7ㄱ, ㄴ)은 후회할 때에 '-여 버리다' 형식을 사용할 수 있음을 알 수 있다.

보조서술어를 취하는 마지막 예는 '-어 오다', '-어 가다'이다. '-어 오다'와 '-어 가다'가 대조적인 관계에 있으므로 그 의미에 있어서도 대조적인 관계를 구성한다. '-어 오다'는 기준이 되는 시점까지를 문제로 하고 '-어 가다'는 기준이 되는 시점 이후를 문제로 한다. 기준이 되는 시점이 현재면 '-어 오다'는 과거에서 현재까지의 때를 나타내고 '-어 가다'는 현재에서 미래로 나아가는 때를 나타낸다. 이렇게 보면 동적 사태가 전개되는 단계를 나타낸다는 아스펙트를 표현하는 데 있어서 다소 이색적인 것이라 할 수 있다. 그리하여 관계하는 동사가 계속의 뜻을 나타내는 경우, '-어 오다', '-어 가다'는 사태가 계속된다는 뜻을 나타내고, 동사가 변화를 나타내는 경우는 점진적으로 변화하는 의미를 나타낸다.

(8) ㄱ. 점점 일이 쉬워져 온다(왔다). (점진적 변화)
    ㄴ. 지금부터도 곡식이 잘 익어 가겠다. (계속)

이상에서 보아 온 바와 같이 아스펙트에는 '-었-/-았-'형과 '-어/아+있다'형, '-어+버리다'형, '-오다/가다'형이 있고 또 '-어+나다/내다'형이 있다.

3. 모다리티(modality)[9]

글쓴이가 때매김을 이야기하는 글에서 모다리티를 굳이 다루는 까닭은 시제와 시상 및 양태에 대하여 분명히 알아 둘 필요가 있기 때문이다.

그러면 '모다리티가 무엇이냐' 하고 생각함에 있어서는 문장 전체의 성립에 대하여 생각하지 않으면 안 된다.

따라서 문장 전체의 성립을 개략적으로 말하면, 문장은 두 개의 이질적인 요소에 의하여 이루어진다. 하나는 '언제, 어디서, 누가, 무엇을, 하였다'와 같은, 표현주체로부터 독립한 객관적인 사실을 나타내는 요소이다. 다른 하나는 객관적 사실에 대한 표현주체의 태도나 들을이에 대한 언어주체의 태도를 나타내는 요소이다.

(1) 너는 내일 일찍 가거라.

(1)에서 '너는 내일 간다'라고 하는 객관적인 부분과 '일찍 –거라'라고 하는 주관적인 부분이 합하여 문장이 이루어져 있다고 할 수 있다.

이와 같이 문장이 성립하는 기반이 되는 두 요소 중 전자를 <u>명제</u> 또는 <u>언표사태</u>라 하고 후자를 <u>모다리티</u> 또는 <u>언표태도</u>라고 한다. 여기서 다시 모다리티란 무엇이냐 하는 문제에 대하여 개략적으로 규정하여 보면, 그것은 발화시에 있어서의 명제나 들을이에 대한 표현주체의 태도를 나타내는 것이라고 말할 수 있다. 그렇다면 모

---

9) 이에 대하여도 위의 책, 68~71쪽에 의할 것임.

다리티를 나타내는 것에는 구체적으로 어떤 것이 있을까? 제일 먼저 명제에 대한 진위의 판단을 나타내는 것이 있다.

(2) ㄱ. 내일은 오후부터 비가 온다.

    ㄴ. 내일은 오후부터 비가 오겠다.(올 것이다.)

(2ㄱ)과 같이 문장 끝이 단순한 서술어로 끝나 있을 경우, 표현주체는 당해 사태가 성립될 것을 단정하고 있다. 한편 (2ㄴ)과 같이 '-겠다', '-을 것이다'가 부가된 표현의 경우 당해 사태가 이루어질 것이 유보되어 있다. 이와 같이 표현되어 있는 사태의 진위 판단에 관한 모다리티를 여기서는 '진위판단의 모다리티'라 부르기로 한다. '-겠다', '-을 것이다'는 '진위판단의 모다리티'를 표현하는 형식의 하나이다. 그렇기 때문에 '-겠다'와 '-을 것이다'는 과거의 표현으로 바꾸든지 부정하든지 하는 일은 있을 수 없다.

'진위판단의 모다리티'를 나타내는 것에는 위의 것 이외에 어떤 종류의 근거에 기인한 추정을 나타내는 '-을 것 같다', '-을 듯하다', 추론의 귀결을 나타내는 '-을 것이다', 가능성을 나타내는 '-을지도 모른다', 확신을 나타내는 '-에 틀림없다', 양태·예상을 나타내는 '-을 것처럼 보인다' 등을 들 수 있다.

(3) ㄱ. 그에게는 무슨 생각이 <u>있는 것 같다</u>.

    ㄴ. 올해는 가을이 일찍 <u>올 듯하다</u>.

    ㄷ. 이 일이 잘 <u>될 것이다</u>.

    ㄹ. 이것이 잘 <u>돌아갈지 모르겠다</u>.

    ㅁ. 이것이 잘 <u>돌아감에 틀림없다</u>.

ㅂ. 이것으로 잘 <u>작동할 것처럼 보인다</u>.

이들 모든 형식은 과거 표현으로 바꿀 수가 있다. 또 '-을 것 같다', '-을 듯하다', '-을 것처럼 보인다'는 부정의 표현으로 바꿀 수 있다. 앞에서 말한 모다리티의 규정에 의하면 과거를 나타내는 형식은 모다리티 요소는 아닌 것이 되나, 판단의 모다리티 체계에서 본다면 모다리티 요소의 내부에 포함시키는 것이 타당하다. 여기서 오로지 표현주체의 발화시의 판단을 나타내는 것을 '진정(眞正)모다리티', 그렇지 않은 것을 '의사모다리티'라 부르기로 한다.

다음으로 두 번째 모다리티로 인정하여야 할 것으로는 어떤 사태의 실현이 바람직하다든가 적절하다든가 하는 의미를 나타내는 것이 있다. 이런 모다리티를 '가치판단의 모다리티'라 부르기로 한다. 이에는 '-는 일(것)이다', '-여야 한다', '-하는 편이 좋다(낫다)', '-않으면 안 된다', '-없어서는 안 된다' 등의 형식이 있다.

(4) ㄱ. 이럴 때는 가만히 있<u>어야 하는 것이다</u>.
    ㄴ. 친구를 소중하게 하<u>여야 하는 일이다</u>.
    ㄷ. 빨리 가서 부모를 <u>도와야 한다</u>.
    ㄹ. 너는 가만히 있는 <u>편이 좋다</u>.(낫다)
    ㅁ. 하고 싶은 말은 분명히 <u>하는 것이 좋다</u>.
    ㅂ. 내일 아침은 조금 일찍 <u>일어나지 않으면 안 된다</u>.

이들 형식 중에서 과거의 표현이 안 되는 것은 '-는 것이다', '-는 일이다' 등이요, 부정으로 표현할 수 없는 것은 '-는 것이다', '-는 일이다', '-여야 한다', '-는 편이 좋다', '-않으면 안 된다' 등이다.

그러므로 진정한 모다리티로 볼 수 있는 것은 '-는 일이다', '-는 것이다'이다. 더욱 주체가 어떤 인칭을 취하는 경향이 있는가 하는 문제에 관하여 언급하여 보면 '-는 것이다', '-는 일이다', '-편이 좋다', '-는 것이 좋다'는 2인칭을 취하는 경향이 있고 '-여야 한다', '-지 않으면 안 된다'는 1인칭과 2인칭을 다 같이 취하는 경향이 있다.

또 하나의 중요한 모다리티 형식은 당해 문장이 표현·전달 기능의 관점에서 볼 때 어떠한 성격을 가지느냐를 나타내는 형식이다. 문장은 그것이 성립할 때, 불가피하게 어떠한 표현, 전달상의 기능을 띤다는 것이다. 이와 같은 표현·전달면에서 문장을 유형적으로 특징짓는 모다리티를 '표현유형의 모다리티'라 부르기로 한다. 그리고 여기서는 다섯 종류의 표현유형을 인정하기로 한다. 구체적으로 말하면 서술형, 정의표출형, 호소형, 의문형, 감탄형의 다섯이다. 이들 중 서술형은 어떠한 지식, 정보를 표현, 전달하는 것이다. 다음의 예가 이에 해당한다.

(5) 그는 한국사 공부를 시작하였다.

정의 표출이란 표현주체의 감정, 감각 또는 의지 등을 표출하는 것을 말한다. 예는 다음과 같다.

(6) ㄱ. 뭔가 시원한 것이 먹고 싶다.
　　ㄴ. 빨리 설거지를 하자.

호소형은 다음 보기와 같이 들을이에게 어떤 동작을 행할 것을 요구하는 것을 말한다.

(7) 빨리 뒤치다꺼리를 하여라.

의문형은 미확정 부분을 들을이나 자기 자신에게 묻는 것을 말한다. 다음과 같은 예를 보자.

(8) ㄱ. 이것으로 무엇을 만듭니까?
    ㄴ. 저 사람은 무엇을 만들고 있을까요?

감탄형은 다음 예와 같이 감동을 나타낸다든지 놀람을 나타내는 것을 말한다.

(9) ㄱ. 아! 참으로 아름답구나.
    ㄴ. 왔도다. 왔도다. 봄이 왔도다.

이상의 모다리티 이외에 겸양의 모다리티를 말하는 사람이 있으나 이것은 참된 모다리티라고 결론지을 수 있다.[10]

지금까지 살펴본 모다리티는 통어론적 범주에 속하고 시제(mood)는 형태론적 범주에 속한다. 따라서 모다리티와 시제에 대하여 혼동이 없어야 할 것이다.

---

10) 위의 책, 71쪽의 모다리티 끝 부분 참조.

제**3**장

선학들의 국어 때매김 연구

이 장에서는 주시경 선생으로부터 오늘에 이르기까지 중요한 문법 학자(최현배, 정인승, 이희승, 이숭녕, 허웅, 박지홍)들의 때매김에 대한 주장을 자세히 설명하고, 제4장에서는 글쓴이의 때매김에 대한 견해를 서술하고자 한다.

1. 주시경 선생의 때매김법

주시경 선생의 『국어문법』 61쪽에 따르면 다음과 같이 설명하고 있다.

1.1. 끗기의 때

1.1.1. 이때

그 남이(서술어)가 이때에 되어 가는 것.

(본) 말이 뛰오: '오'가 끗기니 그 남이 '뛰'가 이때에 되어 가는 것.
(본) 그 말이 검다: '다'가 끗기니 그 남이 '검'이 이때에 들어나아 가는 것.
(본) 이것이 먹이다: '이다'가 끗기니 그 남이 '먹'이 이때에 잇어 가는 것이라.

1.1.2. 간때

그 남이가 이때에 다 되어 있는 것과 되었다가 없어 진 것.

(본) 그 사람이 가앗다.

'앗다'가 끗기니 '앗'은 간때에 표라.
이는 그 남이가 '가'되어 그 '가'를 흠의 다 됨이 지금 저곳에 들어 나 있음을 보이는 것이라.

(본) 그 마당을 씰엇엇다.

'엇엇다'가 끗기니 '엇엇'은 간때에 표라. 이는 남이 '씰'이 다 되어 그 '씰'을 홈의 다 됨이 깨끗홈으로 잇다가 다시 더럽게 되어 '씰'을 홈의 들어남이 없어진 것이니 몬저 '엇'은 '씰'이 다 됨을 보임.

1.1.3. 올때

그 남이가 이담 때에 될 것.

(본) 비가 오겟다.: '겟다'가 끗기니 '겟'은 올때의 표라. 이는 그 남이 '오'가 이담때에 될 것을 보이는 것이라.

(알이) 그 남이의 되고 못됨으로 말흐면 이때라 홈은 그 남이가 이때에 되어 가는 것이니 되는때라 홀 것이요, 간때라 홈의 '가앗다'라 흐는 '앗'과 같은 것은 그 남이가 가다 맞아(완료하여)잇는 것이니 이때맞음(현재완료)이라 하든지 맞아잇음(완료지속)이라 홀 것이요, '씰엇엇다'라 흐는 '엇엇'과 같은 것은 그 남이 '씰'이 다 맞아(완료되여)잇다가 없어진 것이니 간때맞음(과거완료)이라 하든지 맞아지남(완료과거)이라 홀 것이요, 올때라 홈의 '오겟다'라 홈에 '겟'과 같은 것은 그 남이 '오'가 이담때에 될 것이니 올때됨이라 홀 것이라. 그러흐나 이는 '오'가 되리라고 뜻흐는 것이니 또한 거짓뜻흐는때(가상때)라 홀 것이라.
"꽃이 되엇겟다" 흐면 '엇겟'은 간때표 '엇'에 올때표 '겟'이 더한 것이니 '피'가 되엇다고 거짓 뜻홈이라. 이를 간올때(과거미래)라

ㅎ든지 거짓맞은 때(과거가상시제)[1]라 홀 것이니 漢字로 譯ㅎ면 過去將來라 ㅎ든지 過去假想時라 홀 것이라.

[잡이] "그 사람이 가오" ㅎ면 '오'는 이때를 아우른 끗기니 이는 이러ㅎ게 물어 말홀 것이요, 때를 보이는 때가 따로 잇는 것은 끗기에 아우르어 한 끗기로 삼고 이를 풀 때에는 각각 말홀지니라.

지금 알아본 주시경 선생의 때매김을 요약해 보면, 다음과 같다.

```
           ┌이때 (또는 되는 때) ────────────────── ∅
단순때매김─┼간때 (또는 이때맞음) ──────────────── 앗
           └올때 (또는 올때됨)(거짓뜻ㅎ는때) ─────── 겟

           ┌간때맞음(맞아지남) ───────────────── 엇엇
복합때매김─┴간올때 (거짓맞은때) ───────────────── 엇겟
```

간올때는 과거장래라 하든지 과거가상시를 뜻하는 말이다. 즉 '겟'은 가상 또는 추량(측)의 뜻을 나타내는 것으로 본 듯하다. 그런 데 이때(현재시제)에는 어떤 형태소가 있는지 말하지 아니하고 비어 놓았다.

1.2. 움본언(매김꼴의 때매김법)

움몸(동사)을 '언몸(형용사)' 되게 하는 것.

---

1) 주시경 선생은 '거짓맞은때'를 '과거가상시'라 하였으나 그 용어로 보면 '가상완료시'로 보아야 할 것 같다.

가는: 움몸 '가'에 '는'을 더한 것이니 '는'은 이때를 아우르어 움몸 '가'를
　　　언몸이 되게 ᄒ는 것.

간: 움몸 '가'에 'ㄴ'을 더한 것이니 'ㄴ'은 간때를 아우르어 움몸 '가'를
　　언몸이 되게 하는 것.

갈: 움몸 '가'에 'ㄹ'을 더한 것이니 'ㄹ'은 올때를 아우르어 움몸 '가'가
　　언몸이 되게 ᄒ는 것.

가앗는: '가'에 맞아잇는(완료지속) 때로 '앗'을 더ᄒ고 이에 '는'을 더하여
　　　　언몸이 되게 ᄒ는 것.

씰엇엇는: '씰'에 맞아지난때(완료과거 또는 과거완료)로 '엇엇'을 더ᄒ고
　　　　　이에 '는'을 더하여 언몸이 되게 ᄒ는 것.

가겟는: '가'에 올때로 '겟'을 더ᄒ고 이에 '는'을 더ᄒ여 언몸이 되게 ᄒ는 것.

가던: '가'에 간때에 되는 것(과거회상)으로 '더'를 더ᄒ고 이에 'ㄴ'을 더
　　　ᄒ여 엇몸이 되게 ᄒ는 것.

가앗던: '가'에 맞아 있는 때로 '앗'을 더ᄒ고 이에 다시 간때에 되는 것으
　　　　로 '더'를 더ᄒ고 이에 'ㄴ'을 더ᄒ여 엇몸이 되게 ᄒ는 것이니
　　　　'맞아지난때'로 쓰는 것이라. 이러ᄒᆷ으로 '씰엇엇는이라' ᄒᆷ과 그
　　　　때가 한가지라.

가겟던: '가'에 올때로 '겟'을 더ᄒ고 이에 다시 간때에 되는 것으로 '더'를
　　　　더ᄒ고 이에 다시 'ㄴ'을 더ᄒ여 언몸이 되게 ᄒ 것이니 '가기로'
　　　　뜻ᄒ여 가는 것이 '지나아감' 끗맞아지남으로 쓰는 것이다.

(알이): '가랴'는 '랴'는 '겟'과 한가지나 '랴'는 '가기를' 뜻ᄒ 것이요, '겟
　　　　은' 가기로 '뎡ᄒ' 것이니 '가랴던'과 '가겟던'의 다름도 이를 밀어
　　　　알 것이라.

먹는: '가는'과 한가지니 이는 붙음소리의 알에든지 웃듬소리의 알에든지
　　　　다 쓰는 것.

먹은: '은'은 '간'의 'ㄴ'과 한가지니 붙음소리의 말에 쓰는 것.

먹을: '을'은 '갈'의 'ㄹ'과 한가지니 붙음소리의 알에 쓰는 것.

위에서 본 주시경 선생의 설명을 요약하여 말하여 보면 다음과 같다.

1.2. 매김꼴의 때매김법

1.2.1. 단순때의 매김꼴

```
                    ┌이때 ──────────────── 는
단순때의 매김꼴 ─┤간때 ──────────────── 은/ㄴ
                    └올때 ──────────────── 을, 겠는
```

1.2.2. 복합때의 매김꼴

```
                    ┌완료지속 ────────────── 앗는
복합때의 매김꼴 ─┤과거완료 ────────────── 엇었는
                    ├완료 회상(과거회상) ────── 앗던
                    └추량회상(미래회상) ─────── 겠던
```

지금까지 다룬 '끗기의 때'와 '움본언'에 의한 때매김을 종합하여 보면 주시경 선생은 시제와 시상을 구분하여 때매김에 대하여 설명한 것으로 보인다. 예를 들면, "그 마당을 씰엇엇다"에서 선생은 '-엇엇다'가 끗기니 '엇엇'은 간때의 보임이라. 이는 남이 '씰'이 다

되어 그 '씰'을 함의 다 됨이 깨끗함으로 잇다가 다시 더럽게 되어 '씰'을 함의 들어남이 없어진 것이니, 몬저 '-엇'은 '씰'이 다 됨을 보임이요, 알에 '엇'은 그것이 없어짐을 보이는 것이라 한 것에서 알 수 있다. 또 '-엇겟'을 과거가상사시라 한 것이라든가 '가앗다'의 때를 이때맞음(현재완료)이라고 한 것은 물론 '가앗던'의 설명에서 "'가'에 맞아있는때로 '앗'을 더하고 이에 다시 간때에 되는 것으로 '더'를 더하고 이에 'ㄴ'을 더하여 엇몸이 되게 하는 것이니 '맞아지 난때'로 쓰는 것이라. 이러함으로 '씰엇엇는이라' 함과 그 때가 한가 지라" 한 것을 보면 '앗'을 완료형태소로 본 것이니 선생은 1910년 대에 시제와 시상을 인식하였다고 볼 수 있다.

1.2.3. 잇기의 때

잇기(이음씨끝)의 때는 이때, 간때, 올때의 셋을 내세워 설명하였 는데, 올때 다음의 [잡이]에서 회상때김의 '더'에 대하여 설명하고 있는 것이 특이한데, [잡이]의 설명 내용으로 볼 때 '더'를 잇기로 본 듯하다.

1.3.3.1. 이때

(본) 가니, 가는데, 먹으니, 먹는데: 니와 으니와 는데는 다 이때의 잇기라.

1.3.3.2. 간때

(본) 가앗으니, 가앗는데, 먹엇으니, 먹었는데: 앗으니와 앗는데와 엇으니

와 엇는데는 다 간때의 잇기니 앗이나 엇은 다 간때를 보이는 표라.

1.3.3.3. 올때

(본) 가겟으니, 가겟는데, 먹겟으니, 먹겟는데: 겟으니와 겟는데가 다 올때
의 잇기니 겟은 올 때를 보이는 표라.

[잡이] 니와 으니와 는데와 같은 잇기 들의 때를 밝게 다시 말흐면
이때에 되는 것이요, 앗으니와 앗는데와 엇으니와 엇는데와 같은
잇기 들은 때를 밝게 다시 말흐면 다 되어 잇는 것이요, 겟으니와
겟는데와 같은 잇기 들의 때를 다시 밝게 말흐면 이담에 될 것이니
곳 되리라고 거짓 뜻흐는 것이요, 가더니의 '더'는 지난때에 맞지
안이흔 것이니 곳 지난때에 되어 가는 것이라.

위의 1), 2), 3)과 [잡이]에서의 설명을 보면 '이때'를 나타내는 형
태소는 인정하지 아니한 듯하니 그 증거로는 간때의 '앗/엇'은 간때
를 보이는 표라 하였고 또 올때의 '겟'은 올때를 보이는 표라 하였
다. 그런데 '더'의 경우도 보면 '표'라는 말을 하지 아니하였다. 사실
글쓴이도 작년부터 '더'는 때매김의 형태소로 볼 수 없지 않느냐 하
는 생각이 들었는데 그 까닭은 "아버지께서 서울 가시었겠더라"에
서 보면 맺음씨끝 바로 앞에 오는 것이 '더'이다. 그뿐 아니라 '더'는
지나간 일을 지금 회상하는 뜻이 있지, 지나간 시간을 회상하는 것
은 아니기 때문이다. 그런데 이때에 돌아가서 살펴보자. 선생은 이
때에 대한 '표'를 말하지 아니하고 있는데 이것을 묵시적으로 형태
소가 있다고 인정할 것이냐 아니냐가 문제 되는데, 최낙복 교수는

『주시경 문법의 연구(2)』의 75쪽에서 "이때의 (본)의 설명에서 {-니}와 {-으니}와 {-는데}는 다 '이때(현재)'의 '잇기'라 했으니 '이때'를 나타내는 '이끼'에서도 무형의 형태소 {-∅-}가 있음을 의식했다는 것을 알 수 있다. 즉 〈가니, 가는데, 먹으니, 먹는데〉가 이때를 나타내기 위해서 각각 〈가+{∅}+니, 가+{∅}+는데, 먹+{∅}으니, 먹+{∅}+는데〉의 구조로 되어 있다고 의식했던 것이다"라고 설명하고 있는데, 다음의 예를 보기로 하자.

(4) 그는 집에 간다.

(4)의 '간다'를 분석하여 보면 '가+ㄴ다'로 되는데 '가'와 'ㄴ' 사이에 무형의 형태소가 있다고 하면 'ㄴ'이 '가'와 결합할 수 있을까 하는 의문이 생기게 된다.

끝으로 '잇기의 때'에서는 복합때는 언급하고 있지 않다는 것만 덧붙여 둔다.

2. 최현배 선생의 때매김법

최현배 선생은 주시경 선생의 제자로서 그 말본 체계를 현대 과학적으로 확립한 학자이므로 주시경 선생 바로 다음에 다루게 된 것이다. 『우리말본』(1983년 열 번째 고친판) 443쪽에서 479쪽까지 자세히 설명되어 있는데 이를 요약하여 여기에 소개하기로 한다. 외솔은 때매김을 시제(tense)로 보고 있다.

2.1. 열두 가지 때매김(12시제)

2.1.1. 으뜸때(原時)

1) 이적(현재), 2) 지난적(과거), 3) 올적(미래)

2.1.2. 끝남때(완료시제)

1) 이적—이적끝남(현재완료)
2) 지난적—지난적끝남(과거완료)
3) 올적—올적끝남(미래완료)

2.1.3. 나아감때(진행시제)

1) 이적—이적나아감(현재진행)
2) 지난적—지난적나아감(과거진행)
3) 올적—올적나아감(미래진행)

2.1.4. 나아감끝남(진행완료시제)

1) 이적—이적나아감끝남(현재진행완료)
2) 지난적—지난적나아감끝남(과거진행완료)
3) 올적—올적나아감끝남(미래진행완료)

2.1.5. 바로때매김(직접시제)과 도로생각때매김(회상시제)

2.1.5.1. 바로때매김(직접시제)

말할이가 말하는 그 시점을 대종삼아서 그 말에 들어오는 움직임의 때를 매기는 것을 이룬다.

(예) 비가 온다. 비가 오았다. 비가 오겠다.

와 같은 것들이다.

2.1.5.2. 도로생각때매김(회상시제)

지난적에 겪은(경험한) 일을 도로생각하여(회상하여) 말할 때 쓰이는 때매김이니, 말할이가 말하는 그 시점을 대종삼지 아니하고, 지난적에 그 일을 겪던 그 시점을 대종을 삼아서 그 말에 들어오는 움직임의 때를 매기는 것이니라.

2.2. 베풂꼴의 때매김

2.2.1. 바로때매김

2.2.1.1. 베풂꼴의 이적

움직씨의 줄기에 씨끝 '다'가 붙는 것. 곧 움직씨의 으뜸꼴(原形)로써 나타내는 것.

(예) 가다, 오다, 끄다, 막다, 접다, 눕다.

　외솔 선생은 이적의 형태소는 없는 것으로 다루었다. 이는 주시경 선생과 같이 본 듯하다. 그리고 설명을 덧붙이기를 "베풂꼴의 모든 씨끝은 '다'와 마찬가지로 '이적'의 때매김을 나타내는 것이 원칙일 것이다" 하고 다시 설명하기를 시킴꼴과 꾀임꼴도 '이적'으로 보아야 한다면서 물음꼴에 대하여는 아무런 설명이 없다.

2.2.1.2. 베풂꼴의 지난적

지난적때도움줄기 '았'이나 '었' 및 '였'을 더하여 만든다 하였다.

(예) 그는 제 아내를 <u>노려보았다</u>.

2.2.1.3. 베풂꼴의 올적

올적때도움줄기 '겠' 혹은 '리'를 더하고 다시 씨끝 '다' 혹은 '라'를 더하여 만든다 하였다.

(예) 나는 새벽 네 시 차로 <u>떠나겠다</u>.
　　　한 번 가면 다시 못 <u>오리라</u>.

2.2.1.4. 이적끝남(現在完了)

움직임이 이적에 막 끝나서 그 결과가 방금 들어나 있음을 보이는 때매김이니 그 꼴은 움직씨의 이적꼴에 마침의 때도움줄기 '았' 이나 '었' 또는 '였'을 더하여 만드니라.

(예) 봄이 오니 무성귀가 <u>나왔다</u>.
　　여보, 박(朴)님이 <u>성공하였소</u>.

외솔의 이적끝남은 지난적과 그 형태가 같으므로 구별하기가 아주 어려워 보인다. 올적끝남의 [잡이]를 보면 이것은 어디까지나 시제로 보고 있음은 틀림없다고 보아진다.

2.2.1.5. 지난적끝남(過去完了)

지난적에 움직임이 막 끝나서 그 결과가 그때에 들어나 있었음을 보이는 때매김이니 지난적에 움직임을 마쳤기 때문에 시방은 그 결과가 들어나 있지 아니함이 예사이다. 지난적끝남은 지난적때도움줄기 '았'이나 '었' 또는 '였'을 더하여 만드니라.

(예) 그도 같이 갔었다.
　　그도 그때에는 동의하였었다.

2.2.1.6. 올적끝남(未來完了)

올적에 움직임이 막 끝나서 그 결과가 들어나 있겠음을 보이는 때매김이니 그 꼴은 움직씨의 이적끝남꼴에 올적때도움줄기 '겠'을 더하여 만든다.

(예) 그때에는 꽃이 다 <u>피었겠다</u>.

다음에 만날 때는 나도 어른이 <u>되었겠다</u>.

[잡이] 이런 따위의 보기에서는 '겠'을 미룸도움줄기의 뜻으로 보기 쉽지마는, 여기에는 그것이 아니라, 때도움줄기로 보는 것이다.

위의 [잡이]를 보면 외솔 선생은 완료도 시제로 보고 있음이 확실하다.

2.2.1.7. 이적나아감(現在進行)

그 움직임이 이적에 바야흐로 되어 가는 중에 있음을 보이는 것이니 이에는 두 가지 꼴이 있느니라.

첫째꼴: -고+있다

둘째꼴: -는/ㄴ다

(예) 두 청년이 <u>노래하고 있다</u>.

비가 <u>온다</u>.

어부가 고기를 <u>낚는다</u>.

2.2.1.8. 지난적나아감(過去進行)

움직임이 지난적에서 되어 가는 중에 있었음을 보이는 때매김이니 그 꼴은 움직씨의 이적나아감 첫째꼴에 지난적때도움줄기 '었'

을 더하여 만드니라.

(예) 그 여자는 그 아이를 보고 있었다.
　　문수는 눈도 떠보지 않고 글만 읽고 있었다.

2.2.1.9. 올적나아감(未來進行)

때가 아직 오지는 아니하였지마는 오기만 하면 그때에 움직임이
되어 가는 가운데 있겠음을 보이는 때매김이니 그 꼴은 움직씨의
이적나아감 첫째 꼴에 올적때도움줄기 '겠'을 더하여 만드니라.

(예) 9시까지는 이 촛불이 타고 있겠다.
　　그때에는 내가 해변에서 놀고 있겠다.

2.2.1.10. 이적나아감끝남(現在進行完了)

이어가던 움직임이 막 끝났음을 보이는 때매김이니 그 꼴은 이적
나아감 첫째꼴에 끝남때도움줄기 '었'을 더하여 만든다.

(예) 나는 여태까지 자고 있었다.
　　저 사람은 저기서 밭을 갈고 있었다.

2.2.1.11. 지난적나아감끝남(過去進行完了)

이어가던 움직임이 지난적에 이미 끝났음을 보이는 때매김을 이

름이니 그 꼴은 이적나아감끝남꼴에 지난적때도움줄기 '었'을 더하여 만든다.

(예) 그는 그때 여기서 흙을 <u>파고 있었었다</u>.
　　　나는 이 학교에서 글을 <u>가르치고 있었었다</u>.

2.2.1.12. 올적나아감끝남(未來進行完了)

이어가던 움직임이 올적에 끝났음을 보이는 때매김이니 그 꼴은 이적나아감끝남꼴에 올적때도움줄기 '겠'을 더하여 만든다.

(예) 우리가 그 집을 들러서 오후 한시에나 오게 되면 자네는 여기서 우리를 <u>기다리고 있었겠다</u>.

2.2.2. 도로생각때매김(回想時制)

지난적에 일어난 일을 도로생각할 적에 나타내는 때매김이니 바로때매김의 꼴에 도로생각때도움줄기 '더'를 더하여 만든다. 이는 달리 경험때매김이라고도 한다. '더'는 마침법에서는 베풂꼴과 물음꼴과만 어우르고 감목법에서는 매김꼴과만 어우르고 이음법에서는 매는꼴, 풀이꼴과만 어우른다. 그리고 어우르는 꼴의 모든 씨끝과 어우르지도 못하고 그 중 몇 개와만 어우른다.

(예) 그가 공부하<u>더</u>라. (베풂꼴)
　　　그가 공부하<u>더</u>냐? (물음꼴)

책을 읽던 사람 (매김꼴)

그가 <u>오더면</u> 이리로 안내하여라. (매는꼴)

비가 <u>오더니</u> 꽃이 피었다. (풀이꼴)

2.2.3. 도로생각때매김의 보기

2.2.3.1. 도로생각때매김의 이적

(예) <u>그도 걱정하더라</u>.

2.2.3.2. 도로생각때매김의 지난적

(예) 시골에는 벌써 벼가 <u>피었더라</u>.

2.2.3.3. 도로생각때매김의 올적

(예) 사흘만 있으면 꽃이 활짝 <u>피겠더라</u>.

2.2.3.4. 도로생각때매김의 이적끝남

(예) 내가 그 문안에 들어서니, 벌써 일곱 사람이나 <u>왔더라</u>.
　　벚꽃이 많이 <u>피었더라</u>.

여기서 보면 도로생각때의 지난적과 이적끝남이 그 형태가 같으니, 이는 곧 시제와 시상을 구분하지 아니한 것 같기도 하고 어쩌면

이적끝남을 인정한 것을 보면 시상도 전혀 인식하지 아니한 것은
아닌 듯이 보인다.

2.2.3.5. 도로생각때매김의 지난적끝남

(예) 두어 해 전에 내가 그 사람을 만나 보았을 적에, 그 사람이 벌써 학교
를 <u>마쳤었더라</u>.

2.2.3.6. 도로생각때매김의 올적끝남

(예) 5월 하순이면, 동소문 안의 앵도가 <u>익었겠더라</u>.
4월 20일 쯤이면 벚꽃이 활짝 <u>피었겠더라</u>.

2.2.3.7. 도로생각때매김의 이적나아감

(예) 그 사람이 <u>자고 있더라</u>.

2.2.3.8. 도로생각때매김의 지난적나아감

(예) 그 사람은 고기를 <u>잡고 있었더라</u>.

2.2.3.9. 도로생각때매김의 올적나아감

(예) 여섯 시에 가면 그이가 <u>자고 있겠더라</u>.
여름이 되면 그 시내에는 물이 <u>흐르고 있겠더라</u>.

2.2.3.10. 도로생각때매김의 이적나아가기끝남

(예) 그는 그때까지 <u>놀고 있었더라</u>.
　　　오후 3시까지 <u>기다리고 있었더라</u>.

2.2.3.11. 도로생각때매김의 지난적나아가기끝남

(예) 그 뒤에 내가 그 사람을 만나보니 그는 그날 오전 9시까지 우리를
　　　<u>기다리고 있었었더라</u>.

2.2.3.12. 도로생각때매김의 올적나아가기끝남

(예) 그때 생각에는 이 군이 삼월달까지는 <u>기다리고 있었겠더라</u>.

2.3. 매김꼴의 때매김

2.3.1. 바로때매김

2.3.1.1. 매김꼴의 이적

움직씨의 으뜸꼴의 씨줄기에 이적을 나타내는 매김꼴씨끝 '을'을
더하여 만든다.

(예) 해가 <u>돋을</u> 적에 왔습니다.
　　　<u>떠날</u> 적에 또 찾아가겠습니다.

2.3.1.2. 매김꼴의 지난적

(예) 그건 내가 벌써 <u>보았는</u> 것이다.

<u>죽었는</u> 범을 <u>살았는</u> 줄로만 알았지오. (이상은 첫째꼴임)

밥을 <u>먹은</u> 사람은 어서 오시오.

<u>죽은</u> 범을 보고, 그렇게 놀랐더라오. (이상은 둘째꼴임)

위의 첫째꼴은 옛적법이요 둘째꼴은 사방 쓰이는 법이니 그 쓰이는 얼안이 넓으니라.

2.3.1.3. 매김꼴의 올적

첫째꼴: 내일이면 <u>피겠는</u> 꽃이 얼마 되지 못하오.

<u>떨어지겠는</u> 꽃이 왜 피었던가.

둘째꼴: <u>먹을</u> 것과 <u>입을</u> 것이 없다.

나는 범을 <u>잡을</u> 터이다.

여기서 외솔 선생은 둘째꼴을 이적꼴과 같으나 그 뜻인즉 판연히 다르다고 하였다.

2.3.1.4. 매김꼴의 이적끝남

첫째꼴: 옷이 <u>젖었는</u> 걸요.

여러 번 <u>읽었는</u> 책도 다시 대하면 새 맛이 나오.

둘째꼴: <u>얻은</u> 떡이 두레 반이다.

<u>업은</u> 아기 삼년 찾는다.

2.3.1.5. 매김꼴의 지난적끝남

첫째꼴: 이것이 본래 저기에 <u>붙었는</u> 것이라.

한번 <u>갔었는</u> 데를 또 간들 무슨 재미가 있으랴?

둘째꼴: 한번 <u>보았은</u> 구경이 또 왔다네.

나도 그때에는 그 이야기책을 열심히 읽었었다. 그러나 <u>읽었은</u> 책

이 시방은 다 어디로 가버렸는지 하나도 볼 수 없다.

그러나 이 지난적끝남꼴은 흔히 쓰지 아니하느니라.

2.3.1.6. 매김꼴의 올적끝남

첫째꼴: 오늘이면 다 <u>되었겠는</u> 일이 어째서 아직도 이 모양인가?

임 오실 적에 곱게 <u>피었겠는</u> 꽃은 매화뿐이라.

둘째꼴: 사흘 뒤에만 오면 이 벽이 다 <u>말랐을</u> 것이다.

당신이 이 다음에 올 적에는 꽃이 다 <u>피었을</u> 줄로 생각하오.

[잡이 1] 올적끝남꼴은 그 본대의 뜻으로 쓰기보다 차라리 끝남미룸(완료추측)으로 쓰는 일이 많으니라.

첫째꼴: <u>이겼겠는</u> 사람은 둘뿐이다.

<u>피었겠는</u> 꽃이 아직도 이 모양인가?

둘째꼴: 하마 다 <u>피었을</u> 것이다.

꽃이 이미 <u>피었을</u> 줄로 생각한다.

[잡이 2] 위에서 풀이한 바와 같이 끝남때에는 다 각각 두 가지씩의 꼴이 있으나 그 사이에는 어떠한 구별이 있다고 꼭 말할 수 없는 것 같다.

2.3.1.7. 매김꼴의 이적나아감(現在進行)

첫째꼴: <u>놀고 있는</u> 사람이 무슨 별수가 있나?
둘째꼴: <u>보는</u> 사람마다 모두 애처로운 마음에 가슴이 쓰라리었지요.
　　　　꿩 <u>잡는</u> 게 매라.

2.3.1.8. 매김꼴의 지난적나아감(過去進行)

첫째꼴: 내가 한참 동안은 거기서 <u>놀고 있었는</u> 일도 있었다.
둘째꼴: <u>구경하고 있은</u> 사람

[잡이] 매김꼴의 때매김의 지난적나아감은 잘 쓰이지 아니하고 그 대신에 도로생각때매김의 지난적나아감(-고 있었던)이나, 이적나아감(-고 있던)이나, 이적으뜸때(-던)를 쓰는 일이 일상 회화에 많으니라.

2.3.1.9. 매김꼴의 올적나아감(未來進行)

첫째꼴: 아홉 시까지 <u>보고 있겠는</u> 사람은 다 이리로 오시오.

둘째꼴: 언제까지나 <u>버티고 있을</u> 모양인가?

2.3.1.10. 매김꼴의 이적나아가기끝남(現在進行完了)

첫째꼴: 그 말을 <u>듣고 있었는</u> 사람이 어째 이 모양이니?
둘째꼴: <u>듣고 있은</u> 사람

2.3.1.11. 매김꼴의 지난적나아가기끝남(過去進行完了)

첫째꼴: 나도 한 동안은 글은 <u>가르치고 있었는</u> 사람이오.
둘째꼴: <u>보고 있었은</u> 사람

[잡이] 이 지난적나아감끝남꼴은 일반으로 잘 쓰이지 아니하느니라.

2.3.1.12. 매김꼴의 올적나아가기끝남

첫째꼴: 그때까지 <u>기다리고 있었겠는</u> 사람이 누가 있겠소?
둘째꼴: 그때까지 <u>기다리고 있었을</u> 사람이 누구란 말이오?

2.4. 다른 끝바꿈꼴(活用形)의 때매김

2.4.1. 물음꼴의 때매김

베풂꼴에 대하여는 이미 말하였고 시킴꼴과 꾀임꼴은 자체의 성질상 때매김이 따로 있지 아니하고 때가 있다면 다만 다 올적에 붙을 따름이다. 그리고 물음꼴만이 베풂꼴과 같은 때매김이 있느니라.
이에, 물음꼴의 때매김의 보기틀을 만들면, 다음과 같으니라.

2.4.1.1. 바로때매김

씨몸	으뜸때	끝남때	나아감때	나아감끝남때
이적 / 자쫓주집	} 느냐	} 았 } 었 } 느냐	} 고 있느냐	} 고 있었느냐
지난적 / 자쫓주집	} 았 } 었 } 느냐	} 았었 } 었었 } 느냐	} 고 있었느냐	} 고 있었었느냐
올적 / 자쫓주집	} 겠느냐	} 았겠 } 었겠 } 느냐	} 고 있겠느냐	} 고 있었겠느냐

2.4.1.2. 도로생각

씨몸	으뜸때	끝남때	나아감때	나아감끝남때
이적 / 자쫓주집	} 더냐	} 았더 } 었더 } 냐	} 고 있더냐	} 고 있었더냐
지난적 / 자쫓주집	} 았더 } 었더 } 냐	} 았었더 } 었었더 } 냐	} 고 있었더냐	} 고 있었었더냐
올적 / 자쫓주집	} 겠더냐	} 았겠더 } 었겠더 } 냐	} 고 있겠더냐	} 고 있었겠더냐

2.4.2. 감목법의 때매김

감목법 중 매김법은 이미 말하였고 어찌꼴은 때매김이 없음이 원칙이요, 이름꼴만이 바로때매김이 있느니라. 이제, 이름꼴의 때매김의 보기들을 만들면, 다음과 같으니라.

씨몸		으뜸때 1	으뜸때 2	끝남때 1	끝남때 2
이적	자 잡 주 줄	(ㅁ)음 (ㅁ)음	} 기	} 았 } 었 } 음	} 았 } 었 } 기
지난적	자 잡 주 줄	} 았 } 었 } 음	} 았 } 었 } 기	} 았었 } 었었 } 음	} 았었 } 었었 } 기
올적	자 잡 주 줄	} 겠음	} 겠기	} 았겠 } 었겠 } 음	} 았겠 } 었겠 } 기

씨몸		나아감때 1	나아감때 2	나아감끝남때 1	나아감끝남때 2
이적	자 잡 주 줄	} 고 있음	고 있기	} 고 있었음	고 있었기
지난적	자 잡 주 줄	} 고 있었음	고 있었기	} 고 있었었음	고 있었었기
올적	자 잡 주 줄	} 고 있겠음	고 있겠기	} 고 있었겠음	} 고 있었겠기

2.5. 이음법의 때매김

목적꼴, 뜻함꼴, 되풀이꼴, 잇달음꼴 밖의 모든 끝바꿈꼴, 곧 매는꼴, 놓는꼴, 벌림꼴, 풀이꼴, 견줌꼴, 가림꼴, 그침꼴, 더보탬꼴, 더해감꼴, 미침꼴에는 각각 때매김이 있느니라. 그 보기로 매는꼴(抱束形)의 씨끝 '-니', '-면'을 들어서 때매김의 보기틀을 만들면, 다음과 같으니라.

2.5.1. 바로때매김

	씨몸	으뜸때	끝남때	나아감때	나아감끝남때
이적	자 잡 주 적	니(면) 으니(으면) 니(면) 으니(으면)	} 앗 } 엇 } 으니 (으면)	} 고 있으니 (고 있으면)	} 고 있었으니 (고 있었으면)
지난적	자 잡 주 적	} 앗 } 엇 } 으니 (으면)	} 앗엇 } 엇엇 } 으니 (으면)	고 있었으니 (고 있었으면)	} 고 있었었으니 (고 있었었으면)
올적	자 잡 주 적	} 겟으니 (겟으면)	} 앗겟 } 엇겟 } 으니 (으면)	고 있겟으니 (고 있겟으면)	} 고 있었겟으니 (고 있었겟으면)

2.5.2. 도로생각때매김

	씨몸	으뜸때	끝남때	나아감때	나아감끝남때
이적	자 잡 주 적	더니 (더면)	} 았더 } 었더 } 니 (면)	고 있더니 (고 있더면)	고 있었더니 (고 있었더면)
지난적	자 잡 주 적	} 았더 } 니 } 었더 (면)	} 았었더 } 니 } 었었더 (면)	고 있었더니 (고 있었더면)	고 있었었더니 (고 있었었더면)
올적	자 잡 주 적	겠더니 (겠더면)	} 았겠더 } 니 } 었겠더 (면)	고 있겠더니 (고 있겠더면)	고 있었겠더니 (고 있었겠더면)

[잡이] 이음법의 여러 꼴 가운데에, 1) 매는꼴(抱束形)의 씨끝 중 '면', '니'만은 도로생각때매김이 있지마는, 다른 것은 바로때매김만 있고, 도로생각때매김이 없으며, 2) 풀이꼴 '-니'는 도로생각때매김 (-더니)만이 있고, 바로때매김은 도모지 없으며, 3) 그 밖에 모든 이 음법의 끝바꿈꼴(活用形)에는 도로생각때매김이 없느니라.

2.6. 그림씨의 때매김

그림씨의 때매김에 대하여는 편의를 위하여 간략하게 표로써 보이기로 한다.

2.6.1. 그림씨의 마침법의 베풂꼴의 때매김의 보기틀

때매김		바로때매김	도로생각때매김
	씨몸	으뜸때	으뜸때
이적	차 높 크 적	} 다	} 더라
지난적	차 높 크 적	} 았다 } 었다	} 았더라 } 었더라
올적	차 높 크 적	} 겠다	} 겠더라

2.6.2. 그림씨의 매김꼴의 때매김

2.6.2.1. 그림씨의 매김꼴의 이적

첫째꼴: 하루도 편안할 날이 없었다.
둘째꼴: 높은 산이 솟아 있소.

[잡이 1] 첫째 꼴과 둘째 꼴과의 다름은 대략 다음과 같다.

첫째 꼴은 변해가는 도중에 있는 성질을 순간적(瞬間的)으로 가리키는 것이니, 반드시 때에 관한 임자씨를 꾸밀 적에 쓰인다.

(1) 그가 날씨가 <u>더울 적</u>에 여기로 왔소.
　　나는 <u>어릴 때</u> 일을 그만 잊어 버렸네.

(2) 사람은 <u>젊을 적</u>에 일을 해 놓아야 하오.
　　음식이 <u>따뜻할 적</u>에 잡수시오.

위의 보기에서, (1)의 '더울', '어릴'은 지난적의 일을 현재적(現在的)으로, 순간적으로 가리키는 것이요, (2)의 '젊을', '따뜻할'은 이적의 일을 순간적으로 가리키는 것이다. 그리하여, 두 가지가 다 '이적(現在)'의 때매김을 나타내는 것이다.

둘째꼴은 이미 되어 있는 성질을 고정적(固定的)으로 가리키는 '이적'이니 주장으로 일몬(事物)을 꾸미는 경우에 쓰이며, 간혹 때에 관한 임자씨를 (固定的, 靜的으로) 꾸밀 적에도 쓰인다.

(1) <u>깊은</u> 바다를 건너고, <u>높은</u> 산을 넘어갔다.
　　<u>부지런한</u> 사람은 큰 일을 이뤄 내는 법이오.

(2) 오늘은 <u>추운</u> 날이오.
　　이 <u>어수선한</u> 시대에 나서, 뉘가 안락한 생을 누릴 수 있으랴?

위의 보기에서, (1)의 '깊은', '높은', '부지런한', '큰'은 일과 몬(物)의 성질을 나타낸 것이요, (2)의 '추운', '어수선한'은 때에 관한 임자씨의 성질을 기성적(旣成的)으로, 고정적으로 가리키는 것이다. 그리하여, (1)(2) 두 가지가 다 '이적 때매김'이 된다.

[잡이 2] 이제, 이 두 가지 꼴과 그 뒤에 오는 말과의 관계를 가지고 그 차이를 살펴보면, 대략 다음과 같다.

(1) 때에 관한 임자씨 앞에는 첫째 꼴과 둘째 꼴이 두루 쓰이되, 그 뜻이 각각 달라, 서로 아무렇게나 마구 바꾸지 못한다. 이를테면,

 (ㄱ)첫째꼴: …… "약이 <u>따뜻할</u> 적에 잡수시오."
      "책값이 쌀 적에 샀더면 좋았을 것을."을
  둘째꼴: …… "약이 <u>따뜻한</u> 적에 잡수시오."
      "책값이 싼 적에 샀더면 좋았을 것을."로

고치면, 그 뜻도 얼마큼 달라지거니와, 그 말이 보통으로 잘 쓰이지 아니하는 것이 되어 버린다. 다만 고식(古式, 옛재)의 말에서는 오늘의 첫째꼴 쓰는 것을 둘째꼴로 하는 일이 있나니

<u>어린</u> 적부터 길맛가지.
나는 <u>어린</u> 적 일을 잊었다.

와 같은 것이다. 또 뒤집은 보기로,

 (ㄴ)둘째꼴: …… "오늘은 <u>따뜻한</u> 날이오."
      "이 <u>어수선한</u> 시대에 나서, 뉘가 안락한 살이를 누릴 수

있으랴?"를

첫째꼴: ······ "오늘은 <u>따뜻할</u> 날이오."

"이 <u>어수선할</u> 시대에 나서, 뉘가 안락······."으로

고쳐 놓으면, 도모지 쓰이지 아니하는 꼴이 되고 마나니 대체 그 말의 뜻이 순간적으로 가리킬 것이 아니기 때문이다(그러나, 이것이 만일 말이 된다면, 그것은 '이적'이 아니라 '올적'이 될 것이다).

(2) 일몬(事物)에 관한 임자씨 앞에는, 둘째꼴만 쓰이고, 첫째꼴은 도모지 쓰이지 아니하나니, 이는 대개 일몬의 성질은 순간적 현재로 가리킬 것이 아닌 때문이니라. 이를테면,

둘째꼴: ······ "<u>밝은</u> 달이 높은 하늘에 떴다."를

첫째꼴: ······ "<u>밝을</u> 달이 높을 하늘에 떴다."로

고치면, 도모지 쓰이지 아니하는 말씨가 되는 것과 같다.

[잡이 3] 나는 일찍 이 둘째꼴을 '이적 끝남'으로 풀어서 '을'과 '은'의 용법을 저 움직씨의 매김꼴 경우에서와 일치하게 한 일이 있었다. 그리하던 것을 이제 이와 같이 고쳐 풀이함은 다음의 까닭에 말미암은 것이다. 곧 우리가 이미 그림씨의 베풂꼴에 '끝남때'가 없음을 보아 알았다. 그러한데, 원래 때매김이 마침법의 베풂꼴보다 불완전한 감목법의 매김꼴에 '이적 끝남'이 있다 함은 너무도 억설(臆說)이 될 듯할 뿐 아니라, '높은', '깊은' 따위를 이적으로 풀이함이 일반의 언어 이론에 더 가까우며, 따라 깨치기에 더 쉬우리라고

생각하는 때문이다(뒷날의 깊은 연구의 나오기를 기다리고, 위선 이와 같이 하여 두노라).

2.6.2.2. 그림씨의 매김꼴의 지난적

(예) 그때는 아직 날이 <u>밝았을</u> 적이오.
　　　내가 <u>어렸을</u> 적에 가 본 일이 있소.

2.6.2.3. 그림씨의 매김꼴의 올적

(예) 때가 오면, <u>맑을</u> 황하수(黃河水)러냐?
　　　시간이 그렇게 <u>급할</u> 것인가?

와 같다. 그러나 이 올적꼴은 잘 쓰이지 아니하며 올적을 나타내려면 도움움직씨 '지다'를 더하여 만듦이 예사이니라. 이를테면,

　<u>맑아질</u> 황하수.
　<u>희어질</u> 빨래.
　<u>급해질</u> 사세(事勢).

의 밑줄과 같은 따위이다.

2.6.2.4. 그림씨의 매김꼴의 도로생각때매김

(1) 이적 '—던'

그 곳 경치가 퍽 좋던 걸.

물렁물렁하던 것이 어째서 이리 굳어 졌나?

깊이 든 잠 놀라 깨니, 꿈에 보던 고향 산천 간곳 없구나!

(2) 지난적 '─았던, ─었던'

이게 그 때는 아주 좋았던 것이오.

그가 그 때는 배가 불렀던 게지.

아마 그가 퍽 기뻤던 게지요.

조고마한 촌락인 고향에서, 이름 모르는 꽃처럼, 피었다 쓰러지기에는, 우희(虞姬)는 너무도 아름다웠던 것이다.

(3) 올적 '-겠던'

그 때 보기에는 퍽 좋겠던 것이 왜 이 모양이 되었나?

나에게는 크겠던 신이 그만 줄어 들었소.

2.7. 그림씨의 다른 끝바꿈꼴 때매김

2.7.1. 그림씨 마침법의 물음꼴 때매김

때매김	씨몸	바로때매김 으뜸때	도로생각때매김 으뜸때
이적	차높크적	냐 으냐 냐 으냐	} 더냐
지난적	차높크적	} 앉 } 었 } 느냐	} 았더 } 었더 } 냐
올적	차높크적	} 겠느냐	} 겠더냐

위에서 보는 바와 같이 그림씨의 마침법의 물음꼴의 때매김은 베 풂꼴의 때매김과 별 다름이 없음에 유의하여야 한다.

2.7.2. 그림씨 감목법의 이름꼴 때매김

때매김	씨몸	으뜸때 1	2
이적	차높크적	ㅁ음 ㅁ음	} 기
지난적	차높크적	} 앉 } 었 } 음	} 앉 } 었 } 기
올적	차높크적	} 겠음	} 겠기

감목법의 어찌꼴에는 때매김이 없고 이름꼴에는 도로생각때매김이 없다. 이것은 움직씨의 이름꼴에 도로생각때매김이 없음과 같다.

2.7.3. 그림씨 이음법의 때매김

그림씨의 이음법의 1) 되풀이꼴, 2) 잇달음꼴, 3) 뜻함꼴에는 때매김이 없고, 그 나머지 1) 메는꼴, 2) 놓은꼴, 3) 벌림꼴, 4) 풀이꼴, 5) 견줌꼴, 6) 가림꼴, 7) 그침꼴, 8) 더보탬꼴, 9) 더해감꼴, 10) 미침꼴에는 모두 때매김이 있다.

그 본보기로 메는꼴(抱束形)의 씨끝 '-니', '-면'을 써서 바로때매김과 도로생각때매김의 보기틀을 만들면 다음과 같다.

때매김		바로때매김	도로생각때매김
	씨몸	으뜸때	으뜸때
이적	차 높 크 적	니(면) 으니(으면) 니(면) 으니(으면)	} 더니 (더면)
지난적	차 높 크 적	} 았 } 었 } 으니 (으면)	} 았더 } 었더 } 니 (면)
올적	차 높 크 적	} 겠으니 (겠으면)	} 겠더니 (겠더면)

[잡이] 이음법의 여러 꼴 가운데에, (1) 메는꼴(抱束形)의 씨끝 중에 '니', '면' 둘만은 도로생각때매김이 있지마는 다른 것들은 바로때매김만이 있을 뿐이요, 도로생각때매김은 없으며, (2) 풀이꼴 '-니'는

도로생각때매김만이 있고, 바로때매김은 도모지 없으며(211 눈 얼러 보라), (3) 그 밖의 모든 이음법의 끝바꿈꼴에는 도로생각때매김이 없느니라.

2.8. 잡음씨의 때매김

잡음씨의 때매김에는 다만 으뜸때 한 가지가 있을 뿐이다.

2.8.1. 잡음씨 베풂꼴의 이적

잡음씨의 베풂꼴의 이적은 줄기에 씨끝 '다'가 붙은 것 곧 으뜸꼴 이 그 대표적인 것이다.

(예) 구름은 김으로 된 것<u>이다</u>.
　　고래는 물고기가 <u>아니다</u>.

2.8.2. 잡음씨 베풂꼴의 지난적

(예) 옛날 옛적 호랑이 담배 먹을 적<u>이었다</u>.
　　그럴 것이 <u>아니었다</u>.

2.8.3. 잡음씨 베풂꼴의 올적

(예) 내일은 말날(午日)<u>이겠다</u>.
　　그것이 도리어 너의 이익<u>이리라</u>.

여기에서는 올적의 안맺음씨끝 '겠'과 '리'가 쓰인다.

2.8.4. 잡음씨 베풂꼴의 도로생각때매김

(예) 그 사람이 아주 천재<u>이더라</u>.

　　그도 젊었을 적에는 장사<u>이었더라</u> 하오.

　　그 이튿날은 청천<u>이겠더이다</u>.

※ 잡음씨의 마침법의 베풂꼴의 때매김 보기틀

으뜸때		씨몸	베풂꼴
이적	바로	(사람)이	다
	도로생각		더라
지난적	바로	(사람)이	었다
	도로생각		었더라
올적	바로	(사람)이	겠다
	도로생각		겠더라

2.9. 잡음씨 감목법의 매김꼴 때매김

2.9.1. 잡음씨 감목법의 매김꼴 이적때매김

(예) 첫째꼴: 내가 그 학교 교원일 적에 그를 알았소.

　　둘째꼴: 너는 내가 누구인 줄 알았더냐?

[잡이] 그림씨에서와 같이. 첫째 꼴은 주장으로 때에 관한 임자씨

앞에 쓰이어서, 순간적(瞬間的) 현재로 꾸미는 경우에 쓰이고 둘째 꼴은 기정한 사실을 고정적(固定的)으로 정적(靜的)으로 가리키는 것이니, 주장으로 사실에 관한 임자씨 앞에 쓰이느니라.

2.9.2. 잡음씨 매김꼴의 지난적

잡음씨의 매김꼴의 지난적은, 그 '첫째 이적꼴'의 줄기와 씨끝 사이에 지난적때도움줄기 '었'을 더하여 만드느니라.

"—었을" …… 내가 소학생<u>이었을</u> 적에 그 선생님께 배웠어요.

2.9.3. 잡음씨 매김꼴의 올적

잡음씨의 매김꼴의 올적은, 그 으뜸꼴의 줄기에 올적을 나타내는 매김꼴씨끝 'ㄹ'을 더하여 만드느니라. (그 꼴은 '첫째 이적꼴'과 한가지로되, 그 뜻인즉 서로 다르니라.)

'—ㄹ' …… 파 내는 돌마다 금일 날이 있을가?

2.9.4. 잡음씨 매김꼴의 도로생각때매김

잡음씨의 매김꼴의 도로생각때매김은 도로생각때도움줄기 '더'와 씨끝 'ㄴ'을 씨몸 뒤에 더하여 만들되, 1) 이적은 '던'만을 더하고, 2) 지난적은 '었던'을 더하고, 3) 올적은 '겠던'을 더하느니라.

- 이적: '-던' …… 그가 그 때 동래 부사(東萊府使)<u>이던</u> 사람이오.
- 지난적: '-었던' …… 여태까지 대장격(大將格)이<u>었던</u> 그는 그만 비분(悲憤)을 이기지 못하였다.
- 올적: '-겠던' …… 대장이<u>겠던</u> 아이가 졸개이오, 졸개이<u>겠던</u> 아이가 대장이오.

2.9.5. 잡음씨 매김꼴의 때매김 보기틀

잡음씨의 매김꼴의 때매김의 보기틀을 만들면 다음과 같으니라.

으뜸때		씨몸	매김꼴
이적	바로	(사람)이	ㄹ, ㄴ
	도로생각		던
지난적	바로	(사람)이	었을
	도로생각		었던
올적	바로	(사람)이	ㄹ
	도로생각		겠던

2.9.6. 잡음씨의 다른 끝바꿈꼴 때매김

2.9.6.1. 잡음씨 마임법의 물음꼴 때매김

잡음씨의 마침법의 물음꼴의 때매김은, 베풂꼴의 그것과 별 다름이 없느니라.

이제, 그 보기틀을 만들면, 다음과 같다.

으뜸때		씨몸	물음꼴
이적	바로	(사람)이	냐
	도로생각		더냐
지난적	바로	(사람)이	었느냐(었나)
	도로생각		었더냐
올적	바로	(사람)이	겠느냐(겠나)
	도로생각		겠더냐

2.9.6.2. 잡음씨 감목법의 이름꼴 때매김

잡음씨의 감목법의 어찌꼴에는 때매김이 없고, 이름꼴에는 바로
때매김만이 있느니라.

이름꼴의 때매김의 보기틀을 만들면 다음과 같다.

으뜸때	씨 몸	이름꼴	
이적	(사람)이	{	ㅁ
			기
지난적	(사람)이	었 {	음
			기
올적	(사람)이	겠 {	음
			기

2.9.6.3. 잡음씨의 이음법의 잇달음꼴

잡음씨의 이음법의 잇달음꼴에는 때매김이 없고, 그 밖의 (1) 매
는 꼴, (2) 놓는꼴, (3) 벌림꼴, (4) 풀이꼴, (5) 견줌꼴, (6) 가림꼴,
(7) 그침꼴, (8) 더보탬꼴, (9) 더해감꼴에는 다 바로때매김만이 있

고, 도로생각때매김은 없음이 원칙이니라.

그런데 매는꼴의 씨끝 '-니', '-면'들과 풀이꼴의 '-니'에만은 바로때매김뿐 아니라, 도로생각때매김도 있나니, 그 보기들은 다음과 같으니라.

때매김		씨몸	매는꼴		풀이꼴
이적	바로	(사람)이	니	면	니
	도로생각		더니	더면	더니
지난적	바로	(사람)이	었으니	었으면	었으니
	도로생각		었더니	었더면	었더니
올적	바로	(사람)이	겠으니	겠으면	겠으니
	도로생각		겠더니	겠더면	겠더니

3. 정인승 선생의 때매김법

정인승 선생의 때매김에 관하여는 『고등말본』(1956년 간행)에 설명되어 있는 것을 그대로 옮기기로 한다.

3.1. 움직씨의 때매김

움직씨에는 때의 어떠함을 나타내는 몇 가지 방식이 있으니, 이를 '때매김'(시제)이라 하는데, 움직씨로 때매김을 나타내는 방식은 1) 끝바꿈으로써 하는 것과 2) 도움줄기로써 하는 것과의 두 가지가 있다.

3.1.1. 끝바꿈으로의 때매김

움직씨의 매김꼴에서 본 바와 같이,

1) '이제'는 반드시 '는',   (먹는, 보는)
2) '지난적'은 반드시 '(으)ㄴ',   (먹은, 보니)
3) '도로생각'은 반드시 '던',   (먹던, 보던)
4) '올적'은 반드시 '(으)ㄹ',   (먹을, 보리)

로 되는 외에, 마침꼴이나 이음꼴에서도 대개 이에 가까운 모양의 소리 구별로 때매김을 나타내니, 1) '이제'는 '(느)ㄴ다, 는가, 느냐, 는구나, 네, 는지, 는지라, 는데, …'들과 같이, '느' 소리가 주로 쓰이고, 2) '지난적'은 '(으)ㄴ지라, (으)ㄴ바, …'들과 같이, '느' 소리를 쓰지 않고 '(으)ㄴ' 소리로 되며, 3) '도로생각'은 '더라, 더니라, 데, 더니, (으)ㅂ디다, (으)ㅂ딘다, 더면, 던들, …'들과 같이, '더' 소리가 주로 쓰이고, 4) '올적'은 '(으)리, (으)리라, (으)리다, (으)려면, (으)려니와, (으)ㄹ까, (으)ㄹ꼬, (으)ㄹ찌, (으)ㄹ찌라, (으)리까, (으)리이까, (으)리요, (으)랴, …'들과 같이, 'ㄹ' 소리가 주로 쓰인다.

3.1.2. 도움줄기로의 때매김

끝바꿈만으로는 때매김을 충분히 나타내기 어려우므로, 줄기에다가 도움줄기('았, 었, 겠' 들)를 더하여서, 끝바꿈과 아울러 여러 가지로 때를 나타낸다. 이에는 아래와 같은 다섯 가지의 형식이 있다.

1) 지난적: '었(았, 였, 랐, 렀, ㅆ)'을 씀.

먹<u>었</u>다, 보<u>았</u>다, 하<u>였</u>다, 몰<u>랐</u>다, 이르<u>렀</u>다, 갔다.

2) 지난적의 끝남(완료): '었(았, 였, 랐, 렀, ㅆ)었'을 씀.

먹<u>었었</u>다, 보<u>았었</u>다, 하<u>였었</u>다, 몰<u>랐었</u>다, 흘<u>렀었</u>다, <u>갔었</u>다.

3) 지난적의 장차: '겠었'을 씀.

먹<u>겠었</u>다, 보<u>겠었</u>다.

4) 올적: '겠'을 씀.

먹<u>겠</u>다, 보<u>겠</u>다.

5) 올적의 끝남: '었(았, 였, 랐, 렀, ㅆ)겠'을 씀.

먹<u>었겠</u>다, 보<u>았겠</u>다, 하<u>였겠</u>다, 몰<u>랐겠</u>다, 흘<u>렀겠</u>다, <u>갔겠</u>다.

끝바꿈이나 도움줄기로도 때를 충분히 나타내기 어려울 경우에는, 다른 낱말을 빌어서 쓰기도 한다. 가령, '하고 있다', '하는 중이다', '하고 났다', '하여 버렸다', '할 터이다', '할 것이다' 따위와 같다.

3.2. 그림씨의 때매김

그림씨에도 움직씨에서와 같이 때매김이 있는데, 그 형식은 또한 1) 끝바꿈으로써 하는 것과 2) 도움줄기로써 하는 것과의 두 가지가 있음이 움직씨와 같되, 두 가지에 다 이제를 나타내는 방식이 움직씨와 다르다.

3.2.1. 끝바꿈으로의 때매김

그림씨의 매김꼴

1) '이제'는 반드시 '(으)ㄴ',　　　(밝은, 희ㄴ)
2) '도로생각'은 반드시 '던',　　　(밝던, 희던)
3) '올적'은 반드시 '(으)ㄹ',　　　(밝을, 희ㄹ)

로 되는 외에, 마침꼴이나 이음꼴에서도 대개 이에 가까운 모양의 소리 구별로 때매김을 나타내니, 1) '이제'에는 'ㄴ' 소리를 전연 쓰지 않고, '(으)ㄴ' 소리로 되며, 2) '도로생각'에는 '더' 소리가 주로 쓰이고, 3) '올적'에는 'ㄹ' 소리가 주로 쓰인다.

3.2.2. 도움줄기로의 때매김

끝바꿈만으로는 때매김을 충분히 나타내기 어려우므로, 또한 움직씨에서와 같이, 줄기에다가 도움줄기('았, 었, 겠')를 더하여서, 끝바꿈과 아울러 여러 가지로 때를 나타낸다. 그 형식은 또한 움직씨에서와 같이 다음의 다섯 가지가 있다.

1) 지난적: '았(었, 였, 랐, 렀, ㅆ)'을 씀.

밝았다, 희었다, 딱하였다, 달랐다, 글렀다, 비쌌다.

2) 지난적의 끝남(완료): '았(었, 였, 랐, 렀, ㅆ)었'을 씀.

밝았었다, 희었었다, 딱하였었다, 달랐었다, 글렀었다, 비쌌었다.

3) 지난적의 장차: '겠었'을 씀.

밝겠었다, 희겠었다.

4) 올적: '겠'을 씀.

밝겠다, 희겠다.

5) 올적의 끝남: '았(었, 였, 랐, 렀, ㅆ)겠'을 씀.

밝았겠다, 희었겠다, 딱하였겠다, 달랐겠다, 글렀겠다, 비쌌겠다.

3.3. 풀이토씨의 때매김

풀이토씨의 때매김은 그림씨의 것과 같다.

3.3.1. 끝바꿈으로의 때매김

풀이토씨의 매김꼴

1) '이제'는 반드시 'ㄴ',   (학생인)
2) '도로생각'은 반드시 '던',   (학생이던)
3) '올적'은 반드시 'ㄹ',   (학생일)

로 되는 외에, 마침꼴이나 이음꼴에서도 대개 이에 가까운 모양의 소리구별로 때매김을 나타내니, (그림씨와 같이) 1) '이제'에는 '느'소리를 전연 쓰지 않고, '(으)ㄴ' 소리로 되며, 2) '도로생각'에는 '더' 소리가 쓰이고, 3) '올적'에는 'ㄹ' 소리가 주로 쓰인다.

3.3.2. 도움줄기로의 때매김

끝바꿈만으로는 때매김을 충분히 나타내기 어려우므로, 또한 움직씨나 그림씨와 같이, 줄기('이')에다가 도움줄기(었, 겠)를 붙여, 끝바꿈과 아울러 여러 가지로 때를 나타낸다. 그 형식은 또한 움직씨나 그림씨에서와 같이, 다음의 다섯 가지가 있다.

1) 지난적: '었'을 씀.

학생이었다. 학자이었다.

2) 지난적의 끝남(완료): '았었'을 씀.

학생이었었다. 학자이었었다.

3) 지난적의 장차: '겠었'을 씀.

학생이겠었다. 학자이겠었다.

4) 올적: '겠'을 씀.

학생이겠다. 학자이겠다.

5) 올적의 끝남: '었겠'을 씀.

학생이었겠다. 학자이었겠다.

정인승 선생도 때매김을 '시제'로 보고 다루었는데, 최현배 선생과 다른 점은 '지난적의 장차'를 인정하여 '학생이겠었다', '밝겠었다', '먹겠었다' 등의 예를 보인 것이 특이하다. 그리고 교과서만으로 보면 12시제를 다 인정하지 않은 것으로 보이나, 『표준고등말본 교사용 지침서』의 42쪽에 보면 '먹었었던', '먹겠었던' 등으로 미루어볼 때 현실적으로 언중이 쓰는 데 바탕을 둔 시제 체계로 다루어진 것은 아닐까 하고 추정해 본다.

4. 이희승 선생의 때매김법

이희승 선생의 때매김법에 관하여도 『새고등말본』에 설명되어 있는 것을 그대로 옮기기로 하겠다.

4.1. 동사의 시제

(1) 아기가 지금 젖을 <u>먹는다</u>.
  은순이는 시방 학교에 <u>간다</u>.

이 예의 '먹는다, 가ㄴ다'는 당장 행하는 동작이나 작용을 나타내는 말이니, 이와 같이 시방 당장 행하는 것을 현재(現在)라 이른다.

(2) 아기가 어저께 과자를 <u>먹었다</u>.
  은순이는 아까 학교에 <u>갔(=가았)다</u>.

이 예의 '먹었다, 가ㅆ다(=가았다)'는 어저께 또는 아까 행한 동작이나 작금을 나타내는 말이니, 이와 같이 이미 행하여 지난 것을 과거(過去)라 이른다.
  과거를 나타내기 위해서는, 어간에 '었'이나 '았'이나 혹은 'ㅆ'을 붙여서 쓴다.

(3) 복동이가 어렸을 적에 젖을 <u>먹었었다</u>.
  바위는 전에 학교에 <u>다녔(=니었)었다</u>.

이 예의 '먹었었다, 다녔(=니었)었다'는 퍽 오랜 전에 행하였든 동작이나 작용을 나타내는 말이니, 이와 같이 그전 어느 때에 행하였든 것을 대과거(大過去)라 이른다.

대과거를 표시(表示=나타내)하기 위하여는, 어간에 '었었'이나 '았었'이나 혹은 'ㅆ었'을 붙여서 쓴다.

(4) 아기가 있다가, 또 젖을 먹겠다.
　　은순이는 내일도 학교에 가겠다.

이 예의 '먹겠다, 가겠다'는 이 다음에 행할 동작이나 작용을 나타내는 말이니, 이와 같이 앞으로 장차 행할 것을 미래(未來)라 이른다. 미래를 표시하기 위하여는, 어간에 '겠'을 붙여서 쓴다.

이상(以上)과 같이, 말을 하는 데 있어서 현재·과거·대과거·미래를 구별(區別)하는 법을 시제(時制)라 일컫는다.

시제를 나타내기 위하여 '었(았)·었(았)었·겠' 등을 어간에 붙이면, 그것이 다시 한 덩어리의 어간이 되어 활용한다.

먹+다	먹+었+다	먹+었었 +다	먹+겠+다
먹 { 어야 / 으면 / 고 / 더니 / 지	먹었 { 어야 / 으면 / 고 / 더니 / 지	먹었었 { 어야 / 으면 / 고 / 더니 / 지	먹겠 { 어야 / 으면 / 고 / 더니 / 지

〈주의〉 ☐ 표 안에 든 것이 어간이다.

이 '었(았)·었(았)었·겠'과 같이 어떠한 어간에 붙어서, 그 어간으로 더불어 다시 한 덩어리의 어간이 되는 말을 보조어간(補助語幹)이라 이른다.

현재를 나타내는 동사에는 보조어간이 쓰이지 않고, 어간에 어미만 붙어서 현재를 표시하게 된다.

그리고 어미 '다'가 붙을 경우에는 그 '다' 대신에 '는다'(받침을 가진 어간 아래에) 또는 'ㄴ다'(모음으로 끝난 어간 아래에)가 붙어서 현재를 표시하게 된다.

만일, 어간에 '다'만 붙이면, 이것은 동사의 기본형(基本形)을 나타내는 동시에, 시제는 표시되지 않아서, 현재도 과거도 대과거도 미래도 되지 못하고, 다만 동사라는 것만을 나타내게 된다. 그러므로 이 기본형과 구별하기 위하여 현재에는 특별히 '는다' 또는 'ㄴ다'라는 어미를 붙여서 시제를 확실히 표시한다.

먹 다	가 다	(동사의 기본형)
먹 는다	가 ㄴ다	(동사의 현재)
먹 었 다	가 았 다	(동사의 과거)
먹 었었 다	가 았었 다	(동사의 대과거)
먹 겠 다	가 겠 다	(동사의 미래)

〈주의〉 '는다'와 'ㄴ다'는 동사의 시제 현재에만 쓰이는 특별한 어미이다.

위에서 말한 시제는 동사를 서술어로 쓸 경우의 것이다. 동사를 수식으로 쓸 때에는, 그 시제를 어미로써 표시하고, 보조 어간은 쓰이지 않는다.

$$\text{먹} \begin{cases} \text{는} & \cdots\cdots \text{밥} \\ \text{을} & \cdots\cdots \text{밥} \\ \text{은} & \cdots\cdots \text{밥} \\ \text{든} & \cdots\cdots \text{밥} \end{cases} \text{가} \begin{cases} \text{는} & \cdots\cdots \text{사람} \quad \text{(현재)} \\ \text{ㄹ} & \cdots\cdots \text{사람} \quad \text{(미래)} \\ \text{ㄴ} & \cdots\cdots \text{사람} \quad \text{(과거)} \\ \text{든} & \cdots\cdots \text{사람} \quad \text{(과거미완)} \end{cases}$$

이 '는·을(ㄹ)·은(ㄴ)·든'은 관형사형 전성어미들이다.

그리고 이 관형사형 어미에는 대과거가 없고, 그 대신으로 과거미완(過去未完)의 시제가 있다. '가든 길·먹든 밥'이라 하면, '간다·먹는다'라는 행동이 지나간 과거의 일인 동시에, '못 다 간 길·못 다먹은 밥'으로서, 아직 미진한 일이 남은 것이다. 이 미진한 것이 곧미완이므로, 이것을 과거미완이라 이른다.

4.2. 형용사의 시제

형용사에도 시제가 쓰이는 일이 있다.

종결어미가 붙을 경우

1) 현재
얼굴이 붉다.
옷이 희다.

2) 과거
부끄러워서 얼굴이 잠간 붉었다.
이 옷은 빛이 희었다.

3) 대과거

그 사람도 젊었을 시절에는 얼굴이 붉<u>었었</u>다.

이 옷을 처음 입을 제는 빛이 희<u>었었</u>다.

4) 미래

술을 먹으면, 얼굴이 붉<u>겠</u>다.

이 옷을 잘 빨면, 빛이 희<u>겠</u>지.

관형사형 전성어미가 붙을 경우

1) 현재

붉<u>은</u> 얼굴, 희<u>ㄴ</u> 옷.

2) 과거

붉<u>든</u> 얼굴, 희<u>든</u> 옷.

3) 미래

붉<u>을</u> 얼굴, 희<u>ㄹ</u> 옷.

〈주의〉 어미 '은(ㄴ)'이 동사에 쓰이면 과거가 되지마는, 형용사에 쓰이면
현재가 된다. 그리고 어미 '든'이 동사에 쓰일 경우에는 과거미완이
되지마는, 형용사에 쓰일 경우에는 과거가 된다.

이것을 간단히 표로 보이면 다음과 같다.

1) 종결어미가 붙을 경우

현재	과거	대과거	미래
붉다	붉었다	붉었었다	붉겠다
희다	희었다	희었었다	희겠다

2) 관형사형 전성어미가 붙을 경우

현재	과거	미래
붉은	붉든	붉을
희ㄴ	희든	희ㄹ

이 표를 보면, 1) 종결어미가 붙을 경우에는, 과거는 보조어간 '었(혹은 았)'이, 미래는 보조어간 '겠'이 각각 어간과 어미 새에 들어간다. 그리고 현재를 표시할 경우에는 보조어간은 쓰이지 않고 어미만 붙는다.

> [어간] + 어미 ‥‥‥‥‥‥‥ 현재.   예: 붉다
> [어간] + 었 + 어미 ‥‥‥‥‥ 과거.   예: 붉었다
> [어간] + 었 +었 + 어미 ‥‥‥ 대과거. 예: 붉었었다
> [어간] + 겠 + 어미 ‥‥‥‥‥ 미래.   예: 붉겠다

2) 관형사형 전성어미가 붙을 경우에는, 보조어간은 쓰이지 않고 현재 어미 '은(혹은 ㄴ)', 과거 어미 '든', 미래 어미 '을(혹은 ㄹ)'이 각각 쓰인다.

> 어간 + 어미 (은 혹은 ㄴ) ‥‥ 현재.   예: 붉은, 희ㄴ
> 어간 + 어미 (든) ‥‥‥‥‥ 과거.   예: 붉든, 희든
> 어간 + 어미 (을 혹은 ㄹ) ‥‥ 미래.   예: 붉을, 희ㄹ

형용사의 시제는 동사의 경우보다 그 쓰이는 범위(範圍)가 좁아서, 매우 간단하다.

4.3. 존재사의 시제

존재사에도 시제가 쓰인다.

1) 종결어미가 붙을 경우

현재	있다 없다 계시다 안계시다	있느냐 없느냐 계시(느)냐 안계시(느)냐	있구나 없구나 계시구나 안계시구나
과거	있었다 없었다 계시었다 안계시었다	있었느냐 없었느냐 계시었느냐 안계시었느냐	있었구나 없었구나 계시었구나 안계시었구나
미래	있겠다 없겠다 계시겠다 안계시겠다	있겠느냐 없겠느냐 계시겠느냐 안계시겠느냐	있겠구나 없겠구나 계시겠구나 안계시겠구나

2) 연결어미가 붙을 경우

현재	있으면 없으면 계시면 안계시면	있는데 없는데 계시ㄴ데 안계시ㄴ데	있고 없고 계시고 안계시고
과거	있었으면 없었으면 계시었으면 안계시었으면	있었는데 없었는데 계시었는데 안계시었는데	있었고 없었고 계시었고 안계시었고
미래	있겠으면 없겠으면 계시겠으면 안계시겠으며	있겠는데 없겠는데 계시겠는데 안계시겠는데	있겠고 없겠고 계시겠고 안계시겠고

3) 관형사형 전성어미가 붙을 경우

현재	있는	없는	계시ㄴ(는)	안계시ㄴ(는)
과거	있든	없든	계시든	안계시든
미래	있을	없을	계시ㄹ	안계시ㄹ

이 표들을 보면, 1) 종결어미와 연결어미가 붙을 경우에는, 과거
는 보조어간 '었', 미래는 보조어간 '겠'이 각 어간과 어미 새에 들어
간다.

그리고 현재를 표시할 경우에는, 보조어간은 없고 어미만 붙는다.

어간 + 어미 ………………………… 현재.   예: 있다, 없으면

어간 + 었 + 어미 ………………… 과거.   예: 있었다, 없었으면

어간 + 겠 + 어미 ………………… 미래.   예: 있겠다, 없겠으면

2) 관형사형 전성어미가 붙을 경우에는, 보조어간은 쓰이지 않고,
현재 어미 'ㄴ(혹은 는)'과 과거 어미 '든'과, 미래 어미 'ㄹ(혹은 을)'이
각각 어간에 붙는다.

어간 + 어미 (ㄴ 혹은 는) … 현재.   예: 있는, 계시ㄴ(는)

어간 + 어미 (든) ………… 과거.   예: 있든, 계시든

어간 + 어미 (ㄹ 혹은 을) … 미래.   예: 있을, 계시ㄹ

3) 존재사에는 대과거시제 '있었었다', '없었었다'는 쓰이지 않는
것이 보통이다. (만일, 이러한 시제를 세워 놓은 문법이 있다면, 그것은
이론(理論)에 지나치는 것이요, 언어현실(言語現實)에는 볼 수 없는 일이다.)

존재사의 시제는 동사의 경우보다 간단하나, 형용사의 경우보다는 좀 복잡하다.

5. 이숭녕 선생의 때매김법

이숭녕 선생의 때매김법도 『고등국어문법』에 설명되어 있는 것을 그대로 옮겨 싣기로 한다.

5.1. 동사의 시제

행동에는 시간이 겹쳐 있다. 어느 때 그 행동이 움직이고 있는가에서 시제(時制)라는 것이 문제가 되는 것이다. 시제에는 다음과 같은 것이 있다.

① 현재(現在) ············ 먹-는-다

② 과거(過去) ············ 먹-었-다

③ 대과거(大過去) ······ 먹-었-었-다

④ 미래(未來) ············ 먹-겠-다

동사의 현재는 '어간+-ㄴ-다', '어간+-는-다'의 형성(形成)이어서, 어미로서는 '-ㄴ-', '-는'에 달린 것이다.

나는 밥을 먹는다 ············ 먹-는-다

나는 물을 버린다 ············ 버리-ㄴ-다

물론 이것은 어간말음이 자음이냐(먹-는다), 모음이냐(버리-ㄴ다)에 따라 결정되는 것이다.

과거형은 '어간+았(었)다'의 연결로서 '어간+-아(어)-ㅆ-다'의 형성이고, '-아, -어-'의 구별은 오직 모음조화 규칙에 의한다.

가+았다 〉 갔다 ('아+았'의 준 것)
먹+었다 〉 먹었다

대과거(大過去)는 과거보다 한 걸음 전에 다 끝난 행동을 말한다. '어간+-았(었)-었-다'의 형성이다.

받-았-었-다 〉 받았었다
가-았-었-다 〉 갔었다
먹-었-었-다 〉 먹었었다

미래는 '어간+-겠-다'의 형성이다.

받-겠-다 〉 받겠다('받것다' …… 짐작)
가-겠-다 〉 가겠다('가것다' …… 짐작)
먹-겠-다 〉 먹겠다('먹것다' …… 짐작)

이것은 또한 짐작을 뜻하기도 한다. 미래와 짐작의 사이에 형태상 구별이 없어지고 있다.

그러므로 과거의 일을 확실히 모르고 대체로 짐작하는데 쓰이는 동
사의 형태는 다음과 같이 된다.

받-았-겠-다 〉 받았겠다
먹-었-겠-다 〉 먹었겠다

그러므로 '았, 었'은 과거의 뜻을 나타내고, '겠'은 행동의 짐작,
또는 미래의 행동을 뜻하는 어미다.

이러한 시제에 따라 활용을 다음과 같이 나눈다.

1) 과거형

먹-었-	먹-었-으며	먹-었-는데
	먹-었-는데	먹-었-거든
	먹-었-어도	먹-었-기, 먹-었-음
	먹-었-느냐?	

2) 대과거형

먹-었-었-	먹-었-었-다	먹-었-었-는지
	먹-었-었-고	먹-었-었-거든
	먹-었-었-지	먹-었-었-기
	먹-었-었-는데	

3) 미래형

먹-겠-	먹-겠-으며	먹-겠-는지
	먹-겠-는데	먹-겠-던
	먹-겠-어도	먹-겠-음, 먹-겠-지
	먹-겠-으나	

시제에서 본 관형사형 어미는 특히 주의할 만하기에 다음에 예시해 둔다.

(현재)	(미래)	(과거)	(불완전과거) (不完全過去)
먹-는 밥	먹-을 밥	먹-은 밥	먹-던 밥
오-는 기차	올- 사람 (오-ㄹ)	온- 사람 (오-ㄴ)	오-던 사람

여기서 '불완전과거(不完全過去)'라 함은 과거에서 행동이 끝을 맺지 못하고 중간에 그만둔 것을 그리 말한다.

그 밥은 아까 내가 먹던 것이다.
그것은 내가 먹던 밥이다(밥이 아직 얼마 쯤 남아 있다고 본다).

이상에서 보면 이숭녕 선생의 때매김 체계는 이희승 선생의 체계를 그대로 따르고 있음을 알 수 있다.

6. 허웅 선생의 때매김법

허웅 선생은 앞에서 말한 다른 선생과는 달리 때매김법을 시제냐 시상이냐를 구별하여 밝히지 않고 그대로 '때매김법'이라고 하였는데, 이것은 아마 우리말의 때매김법이 시제와 시상의 양자적 성격을 띠고 있어서 그 어느 한쪽으로 단정 짓기 어려운 데서 그렇게 처리한 것 같이 생각된다.[2] 허웅 선생은 "때의 흐름을 나타내는 방법에는 적극적인 방법과 소극적인 방법의 둘이 있다하고 전자에는 안맺음씨끝과 매김법의 맺음씨끝 '-는', '-은', '-을'과 같은 것이 있다 하고 후자에는 '-는다/ㄴ다/다/라'와 같은 맺음씨끝에 의한 것이 있다" 하였다.3) 그리고 때매김법을 다음과 같이 나누어서 설명하였다.

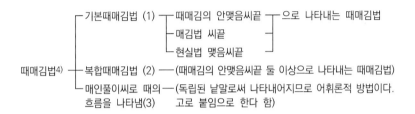

6.1. 기본(단순) 때매김법

〈기본 때매김법의 체계〉 기본 때매김법은, 때매김의 안맺음씨끝 하나만으로, 매김의 맺음씨끝으로, 또는 현실과 미정(추정)을 나타내는 맺음씨끝으로 때의 흐름을 나타내는 방법이다.

때매김을 나타내는 안맺음씨끝: '-었-', '-겠-', '-더-', '-으리-'
매김의 맺음씨끝: '-는', '-은', '-을'
현실을 나타내는 맺음씨끝: '-는다/ㄴ다/다/라', '-느냐', '-습니다', '-습니까'…

---

2) 허웅(1995), 『20세기 우리말의 형태론』, 샘문화사, 1079~1228쪽 참조.
3) 위의 책, 1080쪽 참조.
4) 위의 책, 1081쪽 참조.

미정을 나타내는 맺음씨끝: '-을래', '-을라', '-을러라', '-을걸', '-을까',
'-을지'…

```
현실성 ┬ 있음 ─────────────── 현실법 ─(때매김의 안맺음씨끝이 없음.
       │                            (1-1)   다만 맺음씨끝으로나 매김씨끝의
       │                                    '-는'으로 나타냄)
       └ 없음 ─ 회상성 ┬ 있음 ─────── 회상법 ─('-더-')
                       │              (1-4)
                       └ 없음-완결성 ┬ 있음 ─ 완결법 ─('-았-/-었', '-은')
                                     │        (1-2)
                                     └ 없음 ─ 추정법 ─('-겠-', '-으리', '-을')
                                              (1-3)
```

6.1.1. 현실법

여기에는 의향법의 씨끝 중 서술법의 씨끝, 물음법의 씨끝, 매김
법 씨끝('-는', '-은') 등이 속한다.

6.1.2. 완결법

'-았-/-었-'에 의하여 서술법, 물음법, 시킴법, 꾀임법, 및 두 자
격법 등에 쓰이어 완결의 뜻을 나타내고 '-았었-'에 의하여 서술법,
물음법, 두 자격법 등에 쓰이어 완결의 뜻을 나타내기도 한다. 그리
고 '-었댔-'에 의하여 서술법, 물음법 등에 쓰이어 완결의 뜻을 나
타내기도 한다. 또 매김법의 씨끝 '-은'에 의하여 완결(또는 지속)의
때매김을 나타내는데, 이는 안은마디의 풀이씨의 때를 기준으로 하
여 완결되고 때로는 그 결과가 지속됨을 나타낸다.

6.1.3. 추정법

이 법은 '-겠-', '-으리-'와 맺음씨끝의 '-을'과, '-을'과 '-으리-'가 맺음씨끝에 녹아 붙어 만들어진 복합맺음씨끝으로 나타난다. 예를 들면 서술법의 '-을래, -을란다, -을이꺼나, -을라, -을러라/을레라, -을래, -을세라, -으렸다, -으려니, -을걸, -을세, -을래요, -을걸요' 등과 물음법의 '-을런가/을런고, -을까/을꼬, -을지, -을런지/-을는지, -으랴, -을래, -을까요, -을지요, -을지요/을는지요' 등과, 이음법씨끝과의 어울림 등이다. 그리고 매김법의 '-을'도 이에 속한다.

6.1.4. 회상법

6.1.4.1. 한자격법

한자격법에

1) 의향-서술법 맺음씨끝과 어울림

이에 대한 씨끝만 여기에 소개하면 다음과 같다. '-더라, -더니라, -더니, -데, -더라네, -더라니까, -더라나, -더라고, -더구나/더군, -더구려, -더구료, -더구먼, -더라니, -던데, -던지, -던걸, -더라오, -데요, -더라니까요, -더라나요, -더라고요, -더군요, -더구먼요, -더라니오, -던데요, -던걸요, -더이다/데다/디다' 등이다.

2) 의향-물음법 맺음씨끝과의 어울림

'-더냐, -더뇨, -던가, -던고, -던지, -던감, -데/디, -더라, -더란, -더라고, -더라며, -더라면서, -더라니, -더라지, -더냐고, -더냐니까, -던가요' 등을 예로 보이고 다시 그 밖에 '-던지요, -던데(도)요, -더라고요, -더라며요, -더라면서요, -더라니요, -더라지요, -더냐고요, -더냐니까요, -더이까, -읍데까/읍디까' 등을 더 예시하였다.

3) 이음법 맺음씨끝과 어울림

'-더라면(마땅함), -더면(마땅함), -던데도(뒤집음), -던들/런들(뒤집음), -던데(풀이), -던바(풀이), -던지(풀이)' 등이 있다고 예시하였다.

6.1.4.2. 두자격법에 '-던'

이 '-던'은 움직씨, 그림씨, 잡음씨에 쓰인다고 하면서 많은 예를 들고 있다(1193~1196쪽 참조).

6.1.5. 복합때매김법

복합때매김법의 체계를 보면 다음과 같다.

1) 완결법 + 추정법   2) 추정법 + 회상법
3) 완결법 + 회상법   4) 완결법 + 추정법 + 회상법

위의 체계에 따라 1)~4)를 차례로 그 표현 방식을 허웅 교수의 저서에 따라 알아보면 다음과 같다.

6.1.5.1. 완결추정법의 네 가지 표현 방식

'「-었-」과 「-었었-」과 추정을 나타내는 한자격법의 맺음씨끝과의 겹침으로'의 보기, 즉 먼저 '-었을라, -었으렷다, -었으려니, -었을런가, -었을까(요), -었을지요, -었을런지/었을는지(요), -었으랴, -었으려니와' 등을 예시하고 다시 〈서술법의 맺음씨끝과 어울림〉의 보기로 '-었겠다, -었겠느니라/나니라, -었겠네(요), -었겠어(요), -었겠지(요), -었겠거니, -었겠구나/군(요), -었겠구려/구료, -었겠구먼/만(요), -었겠도다, -었겠는데(요), -었겠는걸(요), -었겠소, -었겠습니다, -었겠나이다' 등을 들고 있다. 그리고 〈'-었겠-'과 '-었었겠-'이 서술법의 맺음씨끝과 어울림〉 예를 다음과 같이 들고 있다. '-었겠다, -었겠느니라/나니라, -었겠네(요), -었겠어(요), -었겠지(요), -었겠거니, -었겠구나/군(요), -었겠구려/구료, -었겠구먼/만(요), -었겠도다, -었겠는데(요), -었겠는걸(요), -었겠소, -었겠습니다, -었겠나이다' 등과 〈물음법의 맺음씨끝과 어울림〉의 보기로 '-었겠느냐, -었겠는가, -었겠나(요), -었겠니, -었겠어(요), -었겠지(요), …' 등을 보이고 〈이음법의 맺음씨끝과 어울림〉의 보기로 '-었겠으니(까)(마땅함), -었겠으므로, -었겠으매, -었겠은즉, -었겠기에, -었겠지마는(뒤집음), -었겠지마는, -었겠는데도, -었겠으니, -었겠고(벌임), -었겠으며' 등의 예를 들고 있다.

또 〈두자격법 씨끝과 어울림〉의 예로서 '-었으리라, -었으리다, -었으리, -었으리로다, -었으리요(물음), -었으리라고(요)(물음), -

었으리니(마땅함)' 이외에 '-었을'과 '-었었을'에 의한 예도 많이 들고 있다.

6.1.5.2. 추정회상법

여기서는 '-겠더'와 〈한자격법 맺음씨끝의 어울림〉의 보기를 먼저 들고 있는데 다음과 같다. 즉 '-겠더라, -겠더니라, -겠던걸(요), -겠데(요), -겠더라니, -겠더라니까, -겠더래(요), -겠더구나/군(요), -겠더랍니다, -겠더랍디다, -겠더이다, -겠더냐, -겠던가, -겠던(물음), -겠던고, -겠더래(요)(물음), -겠더랍니까, -겠더랍디까, -겠더이까, -겠더라도, -겠더라면' 등의 예를 들고 이어 '-겠던'에 의한 보기를 들고 추정회상법은 끝을 맺고 있다.

6.1.5.3. 완결회상법

여기서는 '-었더-'와 '-었었더-'의 예를 먼저 들고 있는데 그것을 보이면 다음과 같다. 먼저 〈서술〉 부문에서는 '-었더라, 었더니라, -었더구나/었더군(요), -었더구려/었더구먼(만), -었더라니까, -었더랍니다, -었더랍디다, -었더래(요), -었던걸, -었더랬습니다, -었더랬어, -었던지, -었더이다, -었데' 등을 예시하였고 〈물음〉에서는 '-었더냐, -었던, -었던가(요), -었던고, -었던감, -었더라지요, -었더이까, -었더랍니까, -었더랍디까' 등이 예시되었고 〈마땅함〉에서는 '-었더라면, -었던지라, -었던만큼, -었더니만큼' 등을 예시하였고 〈뒤집음〉에서는 '-었던데(도), -었던들'이 있다 하였고 〈풀이〉에서는 '-었던바, -었더니(만), -었더라니, -었던지, -었더

랬는데, -었습데다/었습디다, -었습던다, -었습데까/었습디까, -었
었더라, -었었습데다/었었습디다, -었었더니라, -었었데(요), -었
었더라네, -었었더라면' 등이 있다 하고 다시 다음과 같은 말꼴들도
가능하다 하고 '-었었더라니까, -었었더라나, -었었더라고, -었었
더구나, -었었더구려, -었었더구료, -었었더구먼(만), -었었더라
니, -었었던지, -었었던걸(요), -었었더랍니다, -었었더냐?, -었었
던가(요)?, -었었던지(요)' 등을 추가, 예시하였다. 그리고 이어서
움직씨와 그림씨, 잡음씨에 '-었던'이 쓰인 예를 많이 들고 끝에 가
서 '-었었던'이 쓰인 예를 몇 개 들고 이 예는 그리 흔하지 않다고
하였다.

6.1.5.4. 완결추정회상법

이는 '-었겠더-'로 나타내는데 예가 그리 많지 않은 듯 7개만 들
어 놓았다. 몇 개만 여기에 보이기로 한다.

- 생각하니 우리 고향에는 보리가 이미 다 익<u>었겠습디</u>다.
- 너 그때 정말 기분이 좋<u>았겠데</u>.

6.1.6. 매인풀이씨로 때의 흐름을 나타냄

'-고 있다': 저 여자는 좋은 옷을 <u>입고 있다</u>. (상태의 유지)
'-어 있다': 삼각산이 우뚝 <u>솟아 있다</u>.
'-고 계시다': 지금 <u>누워 계십니다</u>.
'-어 가다': 밤이 <u>깊어만 간다</u>.

'-어 나가다': 세상 끝이 어떻게 <u>되어 나가는 지</u> 알기나 할까?

'-어 오다': 점점 내 곁으로 <u>가까와 온다</u>.

'-어 내리다': 그는 편지를 <u>써 내렸다</u>.

'-어 버리다': 그는 밥을 <u>먹어 버렸다</u>.

'-고 나다': <u>하고 나니</u> 아무것도 아니었다.

'-어 내다': 나는 더위를 <u>이겨 내었다</u>.

'-어 가지다': 도시락을 <u>싸 가지고</u> 들놀이를 나간다.

'-어 두다': 이것을 <u>받아 두어라</u>.

'-어 놓다': 문을 <u>열어 놓다</u>.

등의 예를 보이고 끝으로 다짐법을 붙여 놓았는데 본래 다짐법은 '-것-'으로 나타내었는데 오늘날은 '-겠-'으로 나타내는 일이 있어 이에 대해서도 보기를 들어 놓았다(1228쪽 참조).

이상으로 허웅 교수의 때매김법을 모두 소개하였는데, 허웅 교수는 앞에서도 언급하였지마는 때매김을 시제로도 말하지 아니하였고 시상으로도 말하지 아니하였지마는 사용한 갈말(학술용어)로 볼 때 우리말의 때매김을 시상(aspect)으로 보고 있는 듯하다.

7. 박지홍 선생의 때매김법

박지홍 교수는 『고쳐 쓴 우리 현대어본』(1986)의 155~161쪽까지에서 때매김법에 대하여 논하고 있는데, 이를 요약하여 설명하기로 하겠다.

7.1. 때매김-안맺음씨끝

이에는 이적-안맺음씨끝, 지난적-안맺음씨끝, 올적-안맺음씨끝 돌이킴-안맺음씨끝의 넷이 있다 하고 그 보기를 다음과 같이 들고 있다.

7.1.1. 이적-안맺음씨끝(이적-도움줄기)

'-는/ㄴ-' 하나가 있다. '-는-'은 이적의 지속을 비롯하여, 지난적 어느 때의 지속과 '어느 때의 사실'이나, 올적의 '의지적 사실'을 나타낸다.

- 순이는 천천히 밥을 먹는다. (이적의 지속)
- 어제 읽는다고 하더니, 아직 안 읽었군. (어느 때의 사실)
- 그날 화랑은 모두 모였다. 한 화랑이 웃는다. (어느 때의 지속)
- 나는 내일 가느다. (의지적 사실)

7.1.2. 지난적-안맺음씨끝(지난적-도움줄기)

'-았-/었-'이 있다. '-았-'은 지난적이나 끝남과 같은 확정된 일을 나타낸다.

- 받을 것을 받았으면 빨리 가거라. (끝남)
- 어제는 하늘은 맑았다. (지난적)
- 그는 나와 동기동창이었다. (지난적)

7.1.3. 올적-안맺음씨끝(올적-도움줄기)

'-겠-', '-으리-'가 있다. '-겠-'은 올적에 속하는 일이나, 짐작이나, 말할이의 약간의 의지적 짐작을 나타낸다.

- 우리는 놀다가 가겠으니, 너는 그만 가거라. (올적)
- 내일은 날씨가 맑겠습니다. (짐작)
- 그도 꼭 같은 인간이겠지. (짐작)
- 우리는 그날은 그가 웃으리라 기대하고 있었다. (짐작)
- 나도 그와 함께 읽을까? (의도적 올적)
- 우리는 언제 갈지 모른다. (짐작)
- 그렇게 말하면 그 사람도 웃으렷다. (짐작)

위의 '-을-'은 '의도적 올적'이나 짐작을 나타낸다. 그리고 '-렷-'은 '경험'이나 '이치'로 미루어 보아 사실이 으레 그러한 것이나, 그리될 것을 짐작으로 정함을 나타낸다. 이도 넓은 뜻에서 올적안맺음씨끝에 넣을 수 있다. ('-렷-'은 (기움)에서 다루고 있음에 유의할 것임.)

7.1.4. 돌이킴-안맺음씨끝(회상-도움줄기)

'-더-' 하나가 있다. 이는 체험을 회상할 때 쓰는데 '-더-'의 임자말은 꿈과 같은 특이한 경우가 아니면 1인칭은 쓰이지 않는다. 그것은 그런 경우의 '나'는 2인칭이 될 수 있기 때문이다.

- 어제는 그이와 같이 오더니, 오늘은 어째서 혼자 오니?

- 나리꽃이 어제는 곱더니, 오늘 벌써 시들어졌구나.
- 그는 아직도 소년이더라.
- 어젯밤 꿈에 나는 방향없이 가고 있더라.

7.2. 때안맺음과 때안맺음의 결합

7.2.1. -았었/었었-

움직임의 지난적마침(과거완료)을 나타낸다. 앞 형태소인 '-았/었-'은 지난적을, 뒤형태소인 '-었-'은 마침을 나타낸다.

- 그 사람은 갔었구나.

7.2.2. -았더/었더-: 지난적회상

- 너는 일찍 간 줄 알았더니 가지 아니하였구나.
- 무궁화가 한창 피었더라.

7.2.3. -았겠/었겠-: 지난적짐작

- 그는 벌써 도착하였겠지.
- 그 일 때문에 여간 걱정이 아니었겠구나.

또 이것은 지난적에 끝난 일을 다지고 강조할 때도 쓰인다.

· 너는 졸업도 하였겠다, 취직도 하였겠다, 아무 걱정이 없겠구나.

(이때의 '겠'은 '것'으로 써야 옳으나 오늘날 '-겠-'으로 잘못 쓰이고 있는 실정이다.)

7.2.4. -겠었-: 올적마침

· 내일 이때쯤이면 일이 끝나겠었다.
· 꼬옥 그랬으면 좋겠었다. (채만식, 순공 있는 일요일)

이때의 '-겠었-'은 올적의 강조로 보아진다.

7.3. 안맺음씨끝과 맺음씨끝의 이음

7.3.1. '-았/었+는', '-겠는-'의 이음

· 작년에 가 보았는 곳을 못 찾다니 (지난적끝남의 사실)
· 내일이면 피겠는 꽃봉오리가 몇 개 있소? (올적의 사실)

7.3.2. '-았/었+을'의 이음

· 이미 들었을 터이지만, 그는 벌써 미국에 갔다고 한다.
  (지난적끝남의 짐작)

7.3.3. '-더+ㄴ'의 이음

• 내가 살던 곳은 흥룡 폭포가 있는 돌실마을이다. (어느 때의 지속)

이상으로 일곱 분의 때매김법에 대한 체계를 살펴보았는데, 주시경 선생을 위시하여 최현배, 정인승, 이희승, 이숭녕, 박지홍 교수는 우리말 때매김을 시제로 보는가 하면 허웅 교수는 뚜렷이 지적하여 말하지는 않았으나 그 쓰이고 있는 갈말로 미루어보면 시상으로 보는 듯한 느낌을 받기도 한다. 위의 여러 가지 예문에서 보아 왔듯이, 우리말의 안맺음씨끝에 의한 때매김법(때매김 형식)에는 몇 가지가 있는지도 정해져 있지 않은 것 같으며 또 시제로 보는 게 옳은지 시상으로 보는 게 옳은지도 많은 예를 통하여 알아보아야 할 단계에 이르렀다고 본다. 따라서 다음에서는 이에 대하여 깊이 분석·검토하여 타당한 결론을 내려야 할 것으로 생각된다.

제4장

현대 국어의 때매김 문제

1. 현대 국어의 때매김 형태소

다음은 글쓴이가 직접 통계를 내어 얻은 때매김 형태소와 글쓴이의 직관에 의하여 사용 가능할 것으로 보이는 것을 묶어 간단히 표로 보이기로 하겠다. 특히 아래 표에서 밑줄 친 것은 글쓴이의 직관에 의한 것을 보인 것이니 유의하기 바란다.

1. 시제
    A. 과거
        a. 과거시제: -었- / -았- / -었었-
    B. 현재
        a. -는-
    C. 미래
        a. -겠-
        b. -으리-

2. 시상

A. 회상시상

a. 과거회상시상:
   1) -었더-   2) -었었더-

b. 추정회상시상: -겠더-

c. 과거추정시상:
   1) -었겠-   2) -었으리-

d. 과거추정회상시상: -었겠더-

B. 진행시상

a. 현재진행시상: -고+있-

b. 과거진행시상: -고+있었-

c. 현재진행회상시상:
   1) -고+있더-

d. 과거진행추정시상: -고+있었겠-

e. 과거진행추정회상시상: -고+있었겠더-

3. 관형법의 때매김

A. 시제

a. 과거관형시제: -은/ㄴ

b. 현재관형시제: -는-

c. 미래관형시제: -을/ㄹ

B. 시상

a. 과거추정관형시상: -었을

b. 미래관형시상: -겠는-

c. 회상관형시상: -던-

d. 과거회상관형시상:
   1) -었던-   2) -었었던-

e. 추정회상관형시상:
   1) -겠던-   2) -겠다던-

C. 진행시상

a. 현재진행시상: -고+있는-

b. 현재진행추정시상: -고+있을-

c. 현재진행회상시상: -고+있던-

d. 과거진행회상시상: -고+있었던-

2의 A와 B는 지방에 따라 쓰이나 실제 통계에서는 잘 나타나지 않는다. 그러나 1과 2를 가지고 선학들이 설명한 때매김 형태소들과 비교하면 상당한 차이가 있음을 알 수 있다. 즉 '고+있었었', '었었더/았었더', '고+있었었더', '았었는/었었는', '었겠는/았겠는', '고+있었는', '고+있은', '고+있겠는', '고+있었은', '고+있었겠는', '고+있었었던', '고+있겠던', '겠었' 등은 실제 통계에서 나타나지 않는다.

이제 다음에서 1과 2에서 든 때매김 형태소 하나하나를 가지고 그 때매김이 시제인지 시상인지를 따져 보기로 하겠다.

2. 현대 국어의 때매김

2.1. 시제

2.1.1. 과거 및 과거완료

2.1.1.1. 과거시제

-었-/-았-: 이 형태소는 통계에서 가장 많이 나타나는데 그 용법을 보면 다음과 같다.

1) '-었-/-았-'이 완료를 나타내는 보기
① 열차가 방금 도착하였습니다.
② 해가 방금 돋았습니다.
③ 내가 두고 왔을 때 어린 고양이었던 레오는 이제 어른 고양이가 되어

있었다.

④ 인간미와 신비감을 동시에 지녔다는 평도 받았다.

⑤ 내가 "으응" 하고 대답하자 쪼우는 헤어질 때가 다 되었다는 듯이 내게 손을 내밀어 악수를 청했다.

⑥ 부모가 이혼했다는 말을 친구 끼리 하지 않았다는데…

⑦ 그 포악한 동물들의 마스코트 같은 것을 만들어 고양이라고 이름 지었을 것이었다.

⑧ 뜻있는 사람들은 늘 이름에 걸맞는 국어학 이론서가 나오길 기대하였다.

⑨ 혹한의 이국땅에서 내일의 희망도 없이 눈물로 개척을 한 것이었다. 이때 경상도 전라도 농민들이 일제에 속아 이민으로 십만여 명이 갔다.

⑩ 조선 팔도 방방곡곡은 완전히 흥분과 환희 감격의 도가니로 변했다.

⑪ 연희전문학교를 비롯해 몇 개의 사립전문학교가 설립되었다. 초등학교는 벽지 큰 부락에 1년제 간이학교가 한 군에 1~2개 교가 있었고 작은 면에는 4년제, 상대적으로 큰 면에는 6년제 학교가 1면에 1개 교가 설립되었다.

⑫ 눈을 돌리고 이들의 문제를 끊임없이 제기하며 이들을 대변하는 전통을 세워 갔다.

⑬ 오사카는 17세기 때 이미 인구 30만 명을 넘어섰으며 상업이 발달해 물건도 풍족했다.

⑭ 왜 내게는 골프장 이야기를 한 번도 하지 않았을까 하는 것이었다.

⑮ 엄마 가슴에도 봄바람이 단단히 들었구나 싶었다.

⑯ 기자 회견 장소인 세실레스토랑도 23일 예약했다고 한다. 그런 결심을 굳히기까지 여러 사람을 만나 조언을 구했다.

2) '-었-/-았-'이 과거를 나타내는 보기

① 내가 두고 왔을 때 어린 고양이었던 레오는 이제 어른 고양이가 되어 있었다.

② 초등학교는 벽지 큰 부락에 1년제 간이학교가 한 군에 1~2개 교가 있었고 작은 면에는 4년제, 상대적으로 큰 면에는 6년제 학교가 1면에 1개 교가 설립되었다.

③ 일면식도 없던 두 사람이 두 시간가량 만난 것은 정 전총장의 요청 때문이었다.

④ 기자 회견 장소인 세실 레스토랑도 23일 예약했다.

⑤ 정운찬 전 서울대 총장은 30일 대선 불출마 선언을 한 뒤 "홀가분하다"고 말했다.

⑥ 등산 중에 중간 중간 휴식을 하다 보면 하산은 언제나 해 질 녘이었다. 그러니 종종걸음으로 집에 가기 바빴다.

⑦ 사람들의 왕래가 없는 길은 이미 길이 아니라는 것을 확실하게 설명해 주고 있었다.

⑧ 일 년 내내 통화 한번 하지 않은 번호가 더러 있었다.

⑨ 철부지 때 해수욕을 하고 올라와 몸을 헹구던 옹달샘이었다.

⑩ 아이들의 간을 꺼내 먹는다고 굳게 믿고 있었기 때문이었다.

⑪ 초등학교 1학년 때 학교에 가려면 고개를 넘어야 했고 고개 마루에는 성황당이 있었다.

⑫ 빈센트는 마음이 심란했다. 3개월 주기의 발작이 또 다시 올 것 같아서였다.

⑬ 이 회장과 나 두 사람만의 겸상이었다.

⑭ 왜 내게는 골프장 이야기를 한 번도 하지 않았을까 하는 것이었다. 그로부터 한참이 지나서였다. 당시 나는 서울 컨트리클럽 소속 프로였다. 라운드도 언제나 내 마음대로 할 수 있었다.

⑮ 또 다른 나를 만들고 싶어 찾은 겨울 바다였지만 욕심을 버리고 지금처럼 살아가는 게 나음을 깨달았다.

⑯ 야스쿠니 신사 합사 문제도 매우 즐거운 기사였습니다. 또 배웠지요.

⑰ 이극로 박사가 김성수 선생을 마중 나가는 사이었다. 이것은 사전 편찬원들은 다 알고 있는 일이었고 설날에 김성수 선생 댁에 가서 만나는 사이었다.

⑱ 오사카는 통신사 일행이 처음 접하는 일본의 대도시였다. 세도나이카이 일대의 어촌들도 교통의 중심지라고는 해도 모두 작은 마을이었다. 그러나 오사카는 17세기 때 이미 인구 30만 명을 넘어 섰으며 상업이 발달해 물건도 풍족했다.

⑲ 왜란을 거치며 일본에 대한 분노와 불신이 채 가라앉지 않았기 때문에 눈에 보이는 대로 곱게 평가할 수만은 없었던 것이다.

⑳ 말로만 듣던 장충동 집을 두리번거리며 들어갔더니 안방에 큰 자개상이 차려져 있었다.

㉑ 고등학교는 일본 본토에는 다수 있었으나 한국에는 1개교도 없었고 유일한 대학인 경성제국대학 예과가 있었을 뿐이었다.

㉒ 심지어 자기 부모에게도 우리말을 사용하지 않고 통역자를 통해 일본말로 대화했다는 황당한 일도 있었다.

㉓ 자손 대대로 왕실과 깊은 관계를 유지했다고 한다.

㉔ 8.15 해방, 1945년 8월 15일 정오에 일왕 히로히토는 떨리는 목소리로 역사적인 라디오 방송을 하였다.

㉕ 일반 시민들은 취업이란 거의 불가능한, 반봉건주의 영세 소작민이었고 농민들이 피땀으로 거두어 드린 수확물은 소위 공출로 수탈당한 농민들의 생활상은 거의 기아 상태였다.

㉖ 서울을 비롯한 대도시에서만 인가·설치되었다. 그 후 각 군에 농업 기

술자 양성 목적으로 1년제 농업보습학교가 설립되었고 그것이 2년제 농업전수학교로 승격되어 8.15 해방 전까지 존속되었다.

㉗ 1938년 2월에 학도병 제도 곧 이어 4월에는 지원병 제도가 시행되었다. 대부분 본인의 의사와는 관계없이 영예로운 일왕의 적자로서 열렬한 환영을 받으며 사지의 전선으로 강제 투입되었다. 말이 지원병이지 온갖 회유와 엄포로 아까운 청년들을 수만 명을 일제 침략의 제물로 바쳐졌던 것이었다.

㉘ 아들의 책값을 벌기 위해 시장에 간 엄마는 아직 열무 삼십 단을 팔지 못했다.

㉙ 도쿄 쓰구다(佃)는 주로 가난한 노인들이 살았다.

㉚ 두껍게 쌓인 먼지도 세월의 때도 없었다.

㉛ 서민 마을 골목에서 흔히 맡을 수 있는 불쾌한 냄새도 안 났다.

㉜ 그들의 간계와 학정은 조직적으로 진행되었으니 그들의 정책 면면을 일별해 보자.

지금까지 1)과 2)에서 예를 들면서 1)의 예에서 밑줄 친 부분의 '았/었'은 완료를 나타내고 2)의 예에서 밑줄 친 부분의 '았/었'은 과거를 나타내는 것으로 보았으나, 보기에 따라서는 반드시 그렇지 않은 것으로 이해되는 예도 있을 수 있다. 왜 그러냐 하면 뜻으로 판단하기란 참으로 어렵기 때문이다. 다음의 예를 보기로 하자.

(1) ㄱ. 내가 두고 왔을 때 어린 고양이었던 레오는 이제 어른 고양이가 되어 있었다.

ㄴ. 오사카는 17세기 때 이미 인구 30만 명을 넘어섰으며 상업이 발달해 물건도 풍족했다.

ㄷ. 왜 내게는 골프장 이야기를 한 번도 하지 않았을까 하는 것이었다.

ㄹ. 눈을 돌리고 이들의 문제를 끊임없이 제기하여 이들을 대변하는 전통을 세워 갔으면 좋겠습니다.

ㅁ. 철수가 씨름에서 이겼으면 좋겠다.

(1ㄱ)에서 '왔을 때'와 '고양이었던'에서의 '았/었'은 과거를 나타내는 것으로 보아지며 '되어 있었다'의 '었'은 완료로 보아진다. 왜냐하면 '어른 고양이'로 자랐음을 나타내기 때문이다. (1ㄴ)의 '넘어섰으며'의 '었'은 완료로 보아지며 '풍족했다'의 '였'은 과거로 보아진다. (1ㄷ)의 '하지 않았을까'의 '았'은 완료로 보아지며 '것이었다'의 '었'은 과거로 보아진다. (1ㄹ)의 '전통을 세워 갔으면'의 '았'과 (1ㅁ)의 '이겼으면'의 '었'은 미래완료로 보아진다. 그 까닭은 (1ㄹ)에서의 '세워 갔으면 좋겠다'에서의 '았'은 아직 세워 가지 아니하였는데 장차 세워 가기를 바라는 뜻을 나타내기 때문이며 (1ㅁ)의 "철수가 아직 씨름을 하지 아니하였는데, 씨름을 할 경우 이겨 주었으면 좋겠다"는 소원을 말하고 있기 때문이다. 그런데 남기심 교수도 말하고 있듯이 '-었-'이 형용사나 '이다'에 연결될 때는 단순한 과거만을 나타낸다. 이들은 행위를 표현하는 것이 아니기 때문이라[1] 하였다. 다음의 예를 보자.

(2) ㄱ. 그것은 반노예 상태로 전락하고 만 것이었다.

ㄴ. 혹한의 이국땅에서 내일의 희망도 없이 눈물로 개척을 한 것이었다.

ㄷ. 이와 같이 계획적으로 수탈한 옥토는 일본 국민들의 꿈과 젖이 넘쳐흐르는 선망의 식민지요, 신천지였다.

---

1) 남기심(2004), 『현대 국어 통사론』, 태학사, 332쪽 참조.

ㄹ. 어머니는 시골 장터에서 곡물을 팔고 고추밭에서 남의 고추 꼭지를
  따며 6남매를 키우신 분이었다.

ㅁ. 어머니가 사 온 책은 시사영어사에서 나온 뉴 월드 영어 사전이었다.

ㅂ. 그 일은 어제 오늘의 일이 아니었다.

ㅅ. 이광수처럼 가야마고오로로 자기 취향에 맞게 바꾼 사람도 많았다.

ㅇ. 생각보다 반에 부모가 이혼한 아이들이 많은 것 같았다.

ㅈ. 하늘을 날아갈 듯 기뻤다.

ㅊ. 나는 그때 3학년이고 싶었다.

ㅋ. 그를 보고 있을 수밖에 없었다.

(2ㄱ~ㅂ)까지는 '이다'에 '었'이 온 보기요, (2ㅅ~ㅋ)까지는 형용
사에 '었'이 온 보기인데 모두 과거로 보아도 무난할 것 같다. 그런
데 최현배 교수는 '았/었'을 뜻에 따라 과거와 현재완료의 두 가지
때매김으로 나누어서 다루었는데 그 보기를 들면 아래와 같다.

(3) ㄱ. 그는 제 안해를 노려보았다.

  ㄴ. 그 아버지는 그 애를 내어버려 두었다.

  ㄷ. 유복이는 온갖 풍상을 다 겪었다.

  ㄹ. 나는 그 걸음에 꿩을 아홉 마리를 잡았다.[2]

(3ㄱ~ㄹ)은 과거의 보기인데 글쓴이가 보기에는 (3ㄷ, ㄹ)의 '겪었
다'와 '잡았다'에서의 '었/았'은 완료로 보아진다. 왜냐하면 동사의
뜻에 의하여 그렇게 느껴지기 때문이다.

---

2) 최현배(1983), 『우리말본』, 정음사, 449쪽에서 따옴.

(4) ㄱ. 봄이 오니, 푸성귀가 나았다.

　　ㄴ. 비행기가 두 채 떴다. (뜨었다)

　　ㄷ. 여보, 박(朴)님이 성공하였소.3)

(4ㄱ~ㄷ)은 최현배 교수의 문법책에서 따왔는데 이들은 모두 현재완료로 보아진다.

3) '-었-/-았-'에 대한 결론

지금까지 통계에 의한 용례를 보면 '었/았'은 동사에 쓰일 경우 완료, 과거, 미래완료 등의 뜻을 나타내는 데 반하여 형용사와 '이다'에 쓰일 경우에는 과거만을 나타냄을 확인하였다. 그러면 '-었-/-았-'을 완료와 과거의 둘로 나누어 체계를 세우는 것이 옳은지 과거만을 나타내는 것으로 보는 것이 옳은지 궁금하나 글쓴이는 과거만을 나타내는 형태소로 보고자 한다. 그 까닭은 첫째, 뜻에 의하여 결정하게 되면 동사의 경우, 앞에서 본 바와 같이 완료, 과거, 미래완료의 셋으로 설정하여야 하나 그것은 문장의 짜임새나 동사의 종류 여하의 뜻에 따라 그렇게 되므로 어법적으로 설명하기 어려운 경우가 많을 뿐만 아니라, 그 확실한 구별법이 있을 수 없기 때문이다. 두 번째로 형용사나 '이다'의 경우는 과거로만 쓰이는데 동사의 경우, 위의 세 가지 뜻에 따른 형태소로 구분·인정한다면 문법이 굉장히 복잡할 뿐 아니라, '었었/았었'의 설명에 있어서는 어떻게 설명할 것인지 방법이 어렵기 때문이다. 즉 '었었/았었'은 뜻에 따르면 과거도 나타내고 과거완료도 나타내기 때문이다. 따라

---

3) 위의 책, 450쪽에서 따옴.

서 형태소 중심으로 하되 그 나타내는 기능의 주된 범주에 따라 때매김을 결정하는 것이 옳기 때문이다. 더구나 '-았-/-었-'을 완결법으로 보면 형용사와 '이다'는 완결이 되지 않으니 문제이고 허웅 교수는 '었었/았었'의 때매김형태소를 인정하지 않으나 글쓴이의 통계에 의하면 그 예가 상당히 많이 나타나는데 이러한 언어 사실을 어떻게 처리할지 어려움에 부딪히게 되기 때문이다. 그러므로 다시 결론지어 말하건대 '었/았'은 과거를 나타내는 형태소로 처리하는 것이 무방하리라 생각된다.[4] 그리고 완료, 미래완료는 '-었-'의 의미적 용법의 하나로 처리하면 될 것이다.

4) '-었-/-았-'의 대표형태 문제
'-었-/-았-'은 어간이 밝은 홀소리이면 '-았-'이 쓰이고 어두운 홀소리이면 '-었-'이 쓰인다. 그리고 동사 '하다'나 '-하다'로 끝나는 서술어 다음에는 '-였-'으로 되고 '르' 벗어난 서술어 다음에는 '-렀-/-랐-' 등으로 나타나며 어간의 끝소리가 홀소리 'ㅏ'일 때는 '가았다, 서었다'가 '-았-/-었-'의 '아/어'가 줄면서 '갔다, 섰다'로 되면서 '-았-/-었-'은 '-ㅆ-'으로 나타난다. 그러나 대표형태는 '-었-/-았-'만을 가지고 결정하여야 하는데, 글쓴이는 '-었-'을 대표형태로 보고자 한다. 그 까닭은 '-었었-', '-았었-', '-였었-'에서 보면 '-았-' 뒤에는 반드시 '-었-'이 온다는 점, 그 용법에서 보면 '-았었-/-였었/-었었-/-랐었/-렀었/-었겠/-았겠-'에서 '-었-'이 나타나는 빈도가 여섯인 데 비해 '-았-'은 셋밖에 되지 않기 때문이

---

4) 김차균(1990), 『우리말 시제와 상의 연구』, 태학사, 212쪽에서 "{았}과 {었}이 시제를 나타내며 상을 나타내는 것이 아니다"라 하였다.

다.[5] 남기심 교수는 편의상 '-었-'을 대표형태로 정한다 하였다.[6]

2.1.1.2. '-었었-'의 문제

-었었-: 이것으로 표시되는 때매김을 여기서 다루는 것은 과거 시제와 관계가 있기 때문이니 오해 없기를 바란다.

(1) ㄱ. 초등학교 입학과 동시에 국어 상용이라 해서 교내에서는 우리말 사용을 일제히 금지하고 일본말 전용을 강요했었다.

ㄴ. 심지어 자기 부모에게도 우리말을 사용하지 않고 통역자를 통해 일본말로 대화를 했다는 황당한 일화도 있을 정도로 우리말 말살 정책이 철저했었다.

ㄷ. 교내에서는 우리말 상용을 일제히 금지하고 일본말 전용을 강요했 었다.

ㄹ. 월북한 박헌영은 이들과 달리 비운의 종말을 맞이했었다.

ㅁ. 40년 전의 기술에도 기능공이 필요했었는데 한 차원 더 나아간 지금의 한국 기술에 웬 짐꾼이 필요하단 말인가?

ㅂ. 우리는 혼자 남으신 아버지를 모시고 자주 나들이를 했었다. 어머 니 산소에도 가고 어머니와 함께 생활했던 마을에도 갔었다.

ㅅ. 할머니네 부엌의 아궁이에서 피어오르던 솔가지 불꽃도 저와 비슷 했었지.

ㅇ. 외국 여행은 부자들만이 누릴 수 있는 특권이라고 생각했었다.

---

5) 정인승(1956), 『표준고등말본』, 신구문화사, 103쪽 참조.
6) 남기심(2004), 『현대국어통사론』, 태학사, 332쪽 참조.

ㅈ. 출발지인 청량리역에서부터 태백 추전역을 돌아올 때까지 함박눈
이 퍼부었었다.

ㅊ. 자기네 나라이기 때문에 당연히 새치기가 잘못이 아니라는 말에
너무나 황당해 입을 다물지 못했었다.

ㅋ. 마지막 날엔 크다란 가방을 짊어지고 털석 주저앉아 있었다. 아쉬
운 걸음을 기차역으로 옮겼다는 말을 했었다. 그니를 만나 나도
그랬었노라고 말하고 싶은 충동은 지금도 식지 않은 설렘으로 남
아 있다.

ㅌ. 그때의 상금 전액을 하나님 사업을 위해 자신이 섬기던 영락교회에
헌금하였었다.

ㅍ. 사춘기 때의 딸은 걸핏하면 "엄마는 좋겠다. 눈이 예뻐서."라는
말까지 한 눈이었었는데.

ㅎ. 검은 수염을 곱게 내린 그분을 아버지 장례식 때 처음 뵈었었다.

ㄱ'. 두 달 전 휴가를 맞아 산소를 찾아 갔었다. 한여름의 무성한 잡초
들이 산소 주위를 볼썽사납게 만들어 놨다.

ㄴ'. 그들의 말발굽은 제주도까지도 미쳤었다니.

ㄷ'. 자신은 고흐의 병을 잘 알고 있고 뛰어난 영혼에게는 예외 없이
광기가 있는 거라며 오베르에 데려올 것을 데오에게 당부했었다.

ㄹ'. "이번 언론자유 말살을 기획하고 준비한 국정홍보처장, 홍보수석,
홍보기획 비서관은 언론자유 말살 삼적으로 기록될 것"이라고 했
었다.

ㅁ'. 경찰청장이 무능했나 조직이 부패했었나.

ㅂ'. 두 사람은 형제같이 동무같이 나뉘지 못할 정든 사이가 되었었다.

ㅅ'. 의외의 말씀을 듣고는 어른으로 시작하여 젊은이까지 하나씩 다
떠나가고, 예수님과 가운데 섰던 여자만 남았었지요.

ㅇ′. 떡시루에 담아 장작불을 때서 푹 찌면 구수한 냄새가 침을 삼키게 했었다.

ㅈ′. 함지박에 뜨거운 물로 담가온 빨래를 고무장갑도 안 낀 손으로 빨았었다. 할머니의 손은 벌겋게 얼은 것 같고 터져서 피가 나는 것도 같았었다.

ㅊ′. 겨울이면 따뜻한 스웨터를 입혀 주셨다. 해서 친구들이 많이 부러워했었다.

ㅋ′. 육십평생을 동고동락하며 순종해 왔다. 그럼에도 고마운 줄 모르며 무심했었다.

ㅌ′. 이 책을 뒤쳐 한국에서 펴낼 데에 대한 허락은 람스테트 따님인 엘마 애르네필르 여사가 살아 계실 때 이미 받았었다.

ㅍ′. 필자는 칼럼에서 미국의 한 다국적 컨설팅 회사의 평가를 인용해 서울의 물가는 세계 주요 도시 중 11위나 될 정도로 높은데, 삶의 질은 89 위에 불과하다고 개탄했었다.

이제 28개 예문에서 '-었었-'을 분석하여 보아야 할 것 같다. (1ㄱ)의 '강요했었다'의 '-였었-'은 '과거의 사실을 강조하여 표현한 것'으로 보인다. (1ㄴ)의 '철저했었다'의 '-였었-'은 ①이 과거를 나타내므로 과거완료, 즉 ①보다 먼저 있었던 일을 나타내고 있으므로 올바르게 사용되었다. (1ㄷ)의 '강요했었다'의 '-였었-'은 꼼짝 못하도록 강요한 것을 강조하여 표현한 것으로 '과거 강조'로 보아진다. 즉 강요하여 쓰지 않고는 견딜 수 없게 하였다는 뜻으로 표현한 것으로 이해된다. (1ㄹ)의 '맞이했었다'의 '-였었'은 ①의 '-ㄴ'보다 뒤에 일어난 일인데도 과거완료로 표현하였는데 이것도 '과거 강조'의 뜻으로 느껴진다. 즉 '맞이하고 말았다' 또는 '불행하게도 어

쩔 수 없는 종말을 맞이하여 버렸다'는 뜻으로 보아진다. (1ㅁ)의
'필요했었는데'의 '-였었-'은 과거완료로서 그 뜻은 '이미 필요한
사실이 되어 버렸는데'로 이해된다. 만일 '필요했는데'로 표현되었
다면 그냥 과거의 사실로 알겠는데 '필요했었는데'로 되니까 단정
적인 사실, 즉 '그때 이미 필요한 일로 되어 버렸다'는 뜻을 내포하
고 있다고 보아진다. (1ㅂ)의 '했었다'와 '갔었다'는 '했다', '갔다'로
표현하여도 될 것을 굳이 그렇게 표현한 것은 반복의 뜻을 함의하
게 하고자 한 것 같은 느낌을 받는다. 사실 '갔었다'는 '생활했던'보
다 시간적으로 뒤이다. 그러므로 정확하게 표현하려면 '갔다'로 하
여야 하나 '갔었다'로 한 것은 '-었-'을 조음소적 구실을 하는 것으
로 여기면서 반복하여 여러 번 갔다는 뜻을 나타내고자 한 것임에
틀림없으리라 여겨진다. (1ㅅ)의 '비슷했었지'의 '-였었-'은 '비슷한
점이 많았다'는 뜻이 아닌가 여겨진다. '비슷했다'로 하였다면 그것
으로 끝을 맺으나 '비슷했었다'로 하니까 뭔가 여운을 남기는데 단
순히 '비슷한' 것이 아니라 '비슷한 점도 있었다'는 뜻으로 이해할
수 있을 것 같다. (1ㅇ)의 '생각했었다'도 '생각했다'보다는 '부자들
만이 누릴 수 있는 특권이라고 생각해 왔는데 사실 알고(지나고) 보
니 그렇지 않더라'는 뜻으로 해석할 수 있을 것 같다. (1ㅈ)의 '함박
눈이 퍼부었었다'는 '함박눈이 계속하여 퍼붓고 있었다'로 표현하
여야 할 것을 그렇게 과거완료로 표현한 것으로 보인다. (1ㅊ)의 '다
물지 못했었다'는 '입을 다무는데 시간이 한참 걸렸다' 또는 '입을
다물지 못할 정도로 충격을 받았다'는 뜻으로 이해된다. (1ㅋ) '말을
했었다'는 그 앞의 '기차역으로 옮겼다'보다 시간상으로 뒤인데 과
거완료로 한 것은 강조하기 위한 것은 아닌지 하고 여겨진다. 그리
고 그 뒤의 '나도 그랬었노라고'는 '말을 했었다'보다 뒤의 일인데

과거완료로 나타낸 것 역시 강조의 뜻을 함의하고 있는 것으로 보아진다. (1ㅌ)의 '영락교회에 헌금하<u>였었</u>다'의 뜻은 '영락교회에 헌금하여 버렸다'로 이해되어 완료로 보아진다. (1ㅍ)의 '눈이<u>었었</u>는데'는 '눈이었는데 지금은 그런 눈이 아니어서 안타깝다(실망스럽다)'의 뜻으로 이해된다. (1ㅎ)의 '처음 뵈<u>었었</u>다'에서 뒤의 '-었-'은 조음적인 구실도 겸하면서 '-었었-'은 '그때 처음 뵈옵는 기회를 갖게 되었다'는 뜻은 아닐까? 아니면 '그때 처음 뵈어서 알게 되었다'로 풀어도 될 듯하다. (1ㄱ')의 '갔었다'에서 '-었-'은 조음소적 구실을 하면서 '갔다'를 강조하고 있는 듯하게 느껴진다. 또는 '산소를 찾아 갔는데, 사실 기대에 어긋나는 모습이었다'는 뜻을 함의하고 있지는 않을까 한다. (1ㄴ')의 '제주도까지 미<u>쳤었</u>다니'의 뜻은 '제주도까지 미쳤다고 하니 기가 막히다'로 이해된다. (1ㄷ')의 '당부<u>했었</u>다'의 '-었-'은 강조한 것으로 이해된다. 즉 '-였었-'은 강조의 과거완료로 보아진다. 이와 같이 (1ㄹ')의 '<u>했었</u>다'도 (1ㄷ')의 경우와 마찬가지로 강조의 과거완료로 느껴진다. (1ㅁ')의 '부패<u>했었</u>나'에서는 '과거에 이미 부패하고 있었나'의 뜻을 나타내는 과거완료이다. (1ㅂ')의 '되었었다'는 '되어 버려서 어떻게 할 수 없게 결속되었다'는 뜻을 나타내는 과거완료이다. (1ㅅ')의 '남았었지요'는 '남았을 뿐이라'는 강조의 과거완료이다. (1ㅇ')의 '<u>했었</u>다'는 '하는 것이 상례였다' 또는 '늘 그렇게 했다'는 뜻으로 쓰인 관습적 강조의 과거완료이다. (1ㅈ')의 ①의 '빨았었다'는 '늘 그렇게 빨았다'는 뜻으로 이해되며 ②의 '같았었다'는 강조를 나타내기 위한 과거완료로 보아진다. (1ㅊ')의 '부러워했었다'는 앞 (1ㅇ')과 (1ㅈ')과 같이 '친구들이 늘 부러워했다'는 뜻으로 쓰인 과거완료로 보아진다. (1ㅋ')의 '무심했었다'는 '장기간 무심한 상태였다' 또는 '오랫동안 무심한 상태로 지내왔다'는 뜻일 것이다. (1ㅌ')의 '받았었다'는 밑줄 부분이 나타내는 시간보다 훨씬 먼저이다. 따라서 과거완료로 바로 쓰이었다. (1ㅍ')의 '개탄했었다'는 강조의 과거완료로 보아야 하지 않을까?

지금까지의 분석에서 보면 '-었었-'은 때매김에서 과거완료를 나타내기 위하여 쓰이기도 하였지마는 거기에 부수적으로 '강조, 습관적 사실, 기정 사실, 개탄, 기대에 벗어남, 기회적 표현, 상상외, 계속적인 사실, 반복, 불가항력, 강요…' 등등 문맥에 따라 여러 가지 뜻을 함의하고 쓰였음을 알 수 있다. 그런데 주시경 선생은 다음과 같은 예를 들고 자세히 풀이하였다.[7]

(2) 그 마당을 씰었었다.

(2)에서 "{-었었다}가 '끗기'니 {-었었-}은 '간때'의 보임이라 이는 남이 {씰-}이 다 되어 그 {씰-}을 함의 다 됨이 깨끗함으로 잇다가 다시 더럽게 되어 {씰-}을 함의 들어남이 없어진 것이니, 몬저 {-엇-}은 {씰-}이 다 됨을 보임이요, 알에 {-었-}은 그것이 없어짐을 보이는 것이라" 했다(주시경, 1919: 99). 정인승 교수도 다음과 같이 설명하였다.

(3) 그가 왔었는데!

---

7) 최낙복(2003), 『주시경문법의 연구(2)』, 역락, 71쪽에서 인용함.

(3)에서 '왔-'은 "그가 왔음을 뜻하고, {-었-}은 왔던 그가 어디 가고 없어졌음을 나타낸다"고 하였다. 남기심 교수도 『현대국어통사론』에서 "'-었었-'이 어떤 행위의 결과가 지속되어 있지 않고 단절된 상황을 표시하는 까닭에 '-었었-'이 쓰인 문장은 대개 그 뒤의 다른 상황이 개재되어 있음을 함의하는 수가 있다…"[8]고 하여 주시경 선생의 설을 그대로 따르고 있다.

그런데 {-었었-}의 의미기능을 글쓰는 이의 직관에 의하여 한두 개의 예문을 가지고 결론을 내리게 되면 완벽한 이론이 되지 못한다. 그러므로 2의 (1ㄱ~ㅍ')에서 다룬 바와 같이 많은 예문을 통계내어 거기에서 통일된 문법적 기능을 뽑아내고 의미기능도 분석해 내어야 올바른 결론이 나올 것이다. 위에서 2의 (1ㄱ~ㅍ')에서 분석한 결과를 보면 글쓴이들은 '-었었-'을 모두 과거완료를 나타내는 것으로 생각하고 사용하였는데 가장 바르게 사용된 것은 둘뿐이고 나머지는 다소 어긋나나 의미면에서 보면, 강조완료, 단정적 완료, 반복완료, 계속완료, 단순완료, 심적 상태완료, 상태완료, 조음소적 역할완료 등으로 쓰이고 있음이 일반적이다. 그러니까 '-었었-'은 과거완료로 쓰이었으되 거기에는 위에서 말한 여러 가지 문맥적 뜻을 나타내는 의미 기능을 가지고 있으나 때매김으로서는 과거완료로 보기는 어렵고, 과거의 특수용법으로 보았으면 한다.

2.1.2. 현재 '-는-'

이에 대하여는 학자들 사이에 이론이 많다. 일찍이 주시경 선생

---

8) 남기심(2004), 『현대국어통사론』, 태학사, 332~337쪽 참조.

은 국어문법에서 '이때(현재)'를 다음과 같이 설명하고 보기를 들어 자세히 풀이하였다. 주시경 선생은 '이때'의 뜻매김을 "그 남이가 이때에 되는 것"이라 하고 (알이)에서는 "그 남이의 되고 못됨으로 말하면, 이때라 함은 그 남이가 이때에 되어 가는 것이니, 되는 때라 할 것이요"라고 하였다. 그리고 다음과 같은 예를 들고 설명하였다.

(1) ㄱ. 말이 뛰오.
ㄴ. 그 말이 검다.
ㄷ. 이것이 먹이다.

(1ㄱ)에서 "{-오}는 '끗기'니 그 남이 {뛰-}가 '이때'에 되는 것이요, (1ㄴ)에서는 {-다}가 '끗기'니 그 남이 {검-}이 '이때'에 들어나아가는 것이라" 하였고 (1ㄷ)에서는 "{-이다}가 '끗기'니, 그 남이 〈먹〉이 '이때'에 잇어가는 것이라" 했다.9) 그러니까 주시경 선생은 {-는-}이 있는지를 몰랐는지는 몰라도 이것을 현재시제 형태소로 다루지 아니하였다. 아마, (1ㄱ)에서 '뛰+∅+오'와 같이 '뛰-'와 어미 '-오' 사이에 무형의 현재시제 형태소가 있는 것으로 보았는지는 모르겠으나 글쓴이가 생각하기에는 주시경 선생이 문법책을 쓴 분인데, '뛰다'에서 '뛴다'의 'ㄴ'이 있는지를 몰랐을 리가 없을 것으로 여겨지는데, 그 수제자인 최현배 교수가 '-는-'을 인정하지 아니한 것으로 미루어 주시경 선생도 인정하지 아니한 것으로 보인다.

다음으로 최현배 교수는 『우리 문법』에서 종결법의 서술형의 현재는 동사의 줄기에 어미 '다'가 붙는 것 곧 동사의 '으뜸꼴'로써

---

9) 최낙복(2003), 『주시경 문법의 연구(2)』, 박이정, 65~67쪽에 의함.

나타내느라 하였는데 그 보기를 들면 다음과 같다.

가다. 오다. 주다. 끄다. 치다. 막다. 접다. 놓다. 눕다.

"현재(現在)는 원래 시간의 한 점을 가리킴이요, 시간의 계속을 가리킴이 아니다. 그런데 우리의 일상 동작은 현재적으로는 다 진행 중에 있는 것이다. 그러므로 그 시간상 계속적으로 되어 가는 움직임을 표시하려면 다음에 장차 말할 '현재진행'의 때매김을 많이 쓰게 되고 '현재'의 때매김을 적게 쓰게 됨은 자연의 이치라 할 만하다. 그러나 다시 생각해 보건대, '현재'를 나타내는 다른 어미들은 잘 쓰이면서 이 으뜸꼴만 잘 쓰이지 아니함은 우리말의 한 버릇으로 볼 것이라 하노라"[10] 하여 '-는-'을 인정하지 아니하였다. 그것을 예스펴슨이 현재는 0(제로)로 나타낸 데서 본받은 것은 아닌지 모르겠다. 그러면서도 『우리 문법』, 266쪽에서 '예사높임'에서는 '-(는, 았, 겠)구려'로 설명하고 있는데, 이런 일로 미루어보면 '-는-'을 선어말어미로 보는 듯하다. 다시 『우리 문법』, 269쪽의 예문을 보자.

(2) ㄱ. 비가 오는구려.
ㄴ. 당신도 가겠구려.
ㄷ. 당신도 보았구려.

(2ㄱ~ㄷ)에서 '-는-'은 '-겠-'과 '-았-'과 맞먹는 것으로 본다면,

---

10) 최현배(1983), 『우리말본』(열 번째 고침판), 정음문화사, 446~447쪽에서 옮김.

여기서는 '-는-'을 선어말어미로 본 듯하다. 또『우리 문법』, 271쪽의 의문형의 보기에서 보면 다음과 같은 예가 보인다.

(3) -(는)가, -(을)가, -(던)가

등으로 설명되어 있는데 좀 무리인지는 몰라도 '-는-'은 '-던-'과 대비되는 것으로 보아질지도 모르겠다.

정인승 교수는 표준고등말본에서 '이제'는 '(느)ㄴ다, 는가, 느냐, 는구나, 네, 는지, 는지라, 는데, …' 등으로 예를 들고 있는데, '-는-'을 현재를 나타내는 선어말어미로 보지 않는 듯하다.

이희승 교수는『동사의 시제』에서 "현재를 나타내는 동사에는 보조어간이 쓰이지 않고, 어간에 어미만 붙어서 현재를 표시하게 된다. 그리고 어미 '다'가 붙을 경우에는 그 '다' 대신에 '는다'(받침을 가진 어간 아래에) 또는 'ㄴ다'(모음으로 끝난 어간 아래에)가 붙어서 현재를 표시하게 된다"고 하였으니, 이희승 교수도 '-는-'을 현재관형법 형태소로 인정하지 않았다.

이숭녕 교수도『동사의 시제』에서 "동사의 현재는 '어간+-ㄴ-다', '어간+-는-다'의 형성(形成)이어서, 어미로서는 '-ㄴ-', '-는-'에 달린 것이다.

나는 밥을 먹는다 … 먹-는-다.
나는 물을 버린다 … 버리-ㄴ-다.

물론 이것은 어간말음이 자음이냐(먹-는다) 모음이냐(버리-ㄴ다)에 따라 결정되는 것이다"라고 하여 역시 '-는-'은 현재시제 형태소로 인정하지 않았다.

허웅 교수는 『20세기 우리말의 형태론』, 1080쪽에서 "때의 흐름을 나타내는 방법에는 적극적인 방법과 소극적인 방법의 둘이 있다 하고 전자에는 선어말어미와 관형법의 종결어미 '-는', '-은', '-을'과 같은 것이 있다 하고 후자에는 '-는다/ㄴ다/다/라'와 같은 종결어미에 의한 것이 있다." 하였다. 이로써 보면 허웅 교수도 '-는'을 현재시제 형태소로 보지 않는 것과 같다.

남기심 교수는 『현대국어 통사론』, 343~352쪽에서 '-는-'은 현재시제 형태소로 볼 수 없음을 상세히 설명하고 있다.

지금까지 위에서 설명한 대로 많은 학자들이 '-는-'을 어미로 다루면서 현재시제 형태소가 아님을 논설하였는데 이에 대하여 '-는-'을 현재시제 형태소로 보는 학자들도 있으니 다음에 소개하기로 한다.

박지홍 교수는 『현재-선어말어미(현재-도움줄기)』에서 '-는/-ㄴ' 하나가 있다. '-는-'은 현재의 지속을 비롯하여, 과거 어느 때의 지속과 어느 때의 사실이나 미래의 의지적 사실을 나타낸다.

- 순이는 천천히 밥을 먹는다. (현재의 지속)
- 어제 읽는다고 하더니, 아직 안 읽었군. (어느 때의 사실)
- 그날 화랑은 모두 모였다. 한 화랑이 웃는다. (어느 때의 지속)
- 나는 내일 가ㄴ다. (의지적 사실)[11]

---

11) 박지홍(1986), 『고쳐 쓴 우리 현대어본』, 과학사, 155~161쪽 참조.

와 같이 설명하고 있다.

김광해 교수 외 네 분이 쓴 책에서는 기준시와 사건시가 동일한 '현재' 사건의 표현에는 일반적으로 '–는–, –(으)ㄴ'이 쓰인다 하였고, 동작이 아니라 상태나 성질을 나타내는 형용사의 경우에는 굳이 '–는–, (으)ㄴ과 같은 특별한 문법적 장치를 사용하지 않고 아무런 표지 없이 현재를 표현한다.

- 철수는 마음이 깊다/*깊는다.
- 나는 2년 전부터 기숙사에서 살고 있다/*있는다』12)

등의 예를 들고 있으면서 '–는–'을 현재시제 형태소로 인정하고 있다. 글쓴이도 『현대 표준말본』, 512~513쪽에서 여섯 가지 까닭을 제시하여 '–는–/–ㄴ–'을 현재시제 형태소로 보았다. 그것을 들면 다음과 같다.

첫째, 우리의 언어 직관으로는 '–는–/–ㄴ–'이 현재를 나타내는 것으로 보고 있다.

둘째, '–는–/–ㄴ–'은 '–았–', '–겠–', '–더–' 다음에서는 줄어드는데 '–는다' 전체를 서술법으로 본다면 의문법의 종결어미와의 대비상 모순이 된다. 이와 같은 일은 '–는–/–ㄴ–'이 서술법의 종결어미가 아님을 입증하는 것이라 판단되기 때문이다. 더구나 '–었–', '–겠–', '–더–' 다음에 '–는–'이 오지 않는 것은 이들과 때매김이 맞지 않기 때문이다.

---

12) 김광해 외 4인(1999), 『국어지식탐구』, 박이정, 194쪽 참조.

셋째, 관형법에서 '-는-'은 현재를 나타내는 형태소로 보면서, 서술법에서는 현재의 시제형태소로 보지 아니하고 종결어미로 본다면 앞뒤 모순이 아닐 수 없다.

넷째, '-는-/-ㄴ-'은 형용사와 지정사에는 ∅로 된다 하였으나, 역사적으로 보면 형용사와 지정사에도 쓰였는데 그것이 후대로 오면서 줄어들었으므로 형용사와 지정사가 서술어가 되면 현재의 뜻으로 느껴지는 것은 그와 같은 역사적 사실 때문이다. 즉 ∅ 형태소를 가지고 있기 때문이다.

다섯째, 역사적으로 '-ᄂᆞ-'가 '-는-/-ㄴ-'으로 바뀌었다.

여섯째, '-는-/-ㄴ-'이 올 때는 반드시 현재의 부사 '지금', '이제', '오늘', '올해'… 등이 쓰이며 직업, 관습을 나타낼 때는 '늘', '항상', '언제나', '요즈음', '자주'… 등이 쓰인다.

이상 여섯 가지로 미루어 글쓴이는 '-는-/-ㄴ-'은 현대 우리말 때매김에 있어서 현재를 나타내는 선어말어미로 보고자 한다 하였다. 그러나 여러 가지 면으로 따지고 보면 우리말에서 현재를 나타내는 선어말어미는 설정하기가 어려울 것 같으나 자세히 따지고 보면 '-는-'은 현재를 나타내는 형태소로 볼 수 있다.

(4) ㄱ. ① 너는 언제 가니?

② 나는 모레 간다.

ㄴ. 해는 동에서 뜨고 서에서 진다.

ㄷ. 그는 착하고 부지런하다.

ㄹ. 이것은 책이다.

ㅁ. 기차가 달려간다.

ㅂ. 그는 매일 학교에 간다.

ㅅ. 철수는 장사를 한다.

ㅇ. 너는 이리 오너라.

ㅈ. 어서 일어나자.

ㅊ. 너에게 이것을 주마.

ㅋ. 중국 대륙을 가다.

ㅌ. 아, 날씨가 좋구나!

(4ㄱ)의 ②는 가까운 미래를 나타내는데 서술법이 쓰였고 (4ㄴ)은 진리를 나타내고 (4ㄷ)은 사실을, (4ㄹ)은 지정을, (4ㅁ)은 현재진행을 (4ㅂ)은 관습을, (4ㅅ)은 직업을, (4ㅇ)은 명령을, (4ㅈ)은 권유를, (4ㅊ)은 약속을, (4ㅋ)은 과거를, (4ㅌ)은 느낌을 각각 나타내고 있다. 이제 이에 대하여 자세히 살펴보기로 하겠다.

(5) ㄱ. 철수야 이것을 먹어라.

　　ㄴ. 너는 어디에 가느냐?

　　ㄷ. 우리 같이 놀자.

　　ㄹ. 꽃이 아름답도다.

　　ㅁ. 철수는 밥을 먹는다.

(5ㄱ)에서 '먹어라'는 '먹-'이 어근이요, '-어-'는 완료를 나타내는 형태소로 명령에는 반드시 쓰인다. 그리고 '-라'는 명령의 뜻을 나타내는 형태소이다. 본래 명령이란 말하는 이의 의도가 상대방에 의하여 실현(완료)되기를 바라고 말하는 것이므로 그 실형 즉 완료 (-어-)가 반드시 있어야 하는 것이다. 그러니까 명령에는 현재가 필

요 없다. (5ㄴ)의 '가느냐'도 '가-'는 어근이요, '-느-'는 현재를 나타내는 형태소이며 '-냐'는 물음을 나타내는 형태소이다. 묻는 것은 지금 상대에 대하여 묻기 때문에 현재시제 형태소 '-느-'가 와야 하는 것이다. 물론 경우에 따라서는 '-느-'가 생략되는 일도 있다. '너는 어디 가니?' 또는 '너는 어디 가냐?' 식으로 입말에서 많이 말하는데, '-니'는 '-냐'의 변이형태요, '가냐?'에서는 '-느-'가 줄어 있다. 물음은 현재에 하는 것이므로 현재시제 형태소 '-느-'를 줄이는 일이 있다. (5ㄷ)의 '놀자'에서 권유는 '-자'가 나타낸다. 권유에는 현재시제 형태소 '-는-'이 들어갈 수도 없고 들어갈 필요도 없는 것이다. 왜냐하면 권유는 언제나 현재에 하는 것이고 권유의 뜻만 전달되면 되기 때문이다. (5ㄹ)의 '아름답도다'에서 '아름답-'은 어근이요, '-도-'는 느낌을 나타내는 형태소요, '-다'는 서술을 나타내는 형태소이다. 그러니까 느낌은 어근에 '느낌+서술'의 형식으로 표현되는 것임을 알아야 한다. 동사에서 예를 들면 '왔도다. 왔도다. 봄이 왔도다.'에서 분석하여 보면 '왔도다'는 '오(어근)+았(완료)+도(감탄)+다(서술)', 즉 '왔도다'는 '와서 펼쳐지고 있음을 느껴서 서술하다'는 형식으로 됨이 감탄문의 본질인 것이다. '왔도다'와 같은 경우 이외에 동사가 감탄문에 쓰이는 경우는 '오도다'로 나타나는 경우도 있고 '오는도다'로 나타나는 경우도 있다. 끝으로 (5ㅁ)의 '먹는다'는 '먹(어근)+는(현재/또는 진행)+다(서술)'의 형식으로 되는데, 본래 '-는-'은 동작성의 형태소이다. 그러므로 다음과 같이, '꽃이 아름답다'에서 '아름답는다'와 같이 '-는-'이 나타날 수 없는 것은 형용사는 상태나 모양 등등을 나타내는 품사이므로 '-는-'이 쓰일 수 없기 때문이다. '이다'의 경우도 마찬가지이다. 그런데 현재의 서술이라는 것은 움직임이 이제 눈앞에서 이루어지고 있기 때문에 여기에는 현재를 나타내는 '-는-'이 반드시 들어가야 하는 것이다. 그러므로 동사가 서술어가 되어 현재를 나타내어야 할 경우에는 반드시 현재의 동작을 나타내는 '-는-'이 들어가야 하는 것이다. 이상의 분석에 의하여 글쓴이는 '-는-'을 현재시제의 형태소로 보고자 한다. 다음과 같은 예문이 있다.

(6) 중국 대륙을 <u>가다</u>.

(6)은 책 이름인데, 과거에 중국을 다녀와서 쓴 책에 붙여진 이름이다. '갔다' 하니까 이상하므로 때매김이 없는 원형 '가다'로써 책 이름으로 한 것이다. 이러고 보면 원형 '가다'는 때매김이 없는 것이다. 그런데 현재를 동사의 원형으로써 삼고자 함은 때매김 체계에는 맞지 않는 것으로 보아진다. 끝으로 하나 덧붙일 것은 '밥을 먹었는데' 할 때, '-었-' 다음에 '-는-'이 왔으니 '먹는다'와 같은 서술법에서 '-는-'은 현재를 나타내는 시제선어말어미로 볼 수 있느냐? 하는 일이 있는데 이것은 '밥을 먹었데' 하면 말이 안 되는데 어원으로 보면 '-는'은 관형형어미요 '-데'는 의존명사인데 이게 합하여 어미화한 것이다.

본래 의향법(mood)은 '어근+다(-냐, -라, -자)'에서 밑줄 부분이 이에 해당된다. '-다-'는 서술법 '-냐-'는 의문법, '-라-'는 명령법, '-자-'는 권유법을 나타내는데, 어근과 이들 어미 사이에 오는 형태소는 선어말어미로 보아야 한다. 그러므로 위의 '-는-'은 현재를 나타내는 형태소로 보아야 할 것이다.

2.1.3. 미래시제

'-겠-'·'-리-': 이에 대하여는 '-겠-'과 '-리'의 둘로 나누어 살펴기로 하겠다.

2.1.3.1. -겠-

이에 대하여 먼저 예문을 보기로 하겠다.

(1) ㄱ. 인류 보편적 기본권을 우리 국민들이 갖지 못했다고 누가 상상이나 하겠는가?
　　ㄴ. 국가를 상실한 민족의 고통이 어떠하겠는가?
　　ㄷ. 그는 당선 연설에서 "우리의 친구 미국 그들이 필요로 할 때 언제든 곁에 있겠다"며 미국과의 우호협력을 강조했다.
　　ㄹ. 또 한 사람은 "당의 경선 참여를 포기하겠다는 말을 하고 있다"고 하면서…
　　ㅁ. 6자 회담보다 한 발짝 앞서 나가야 하지 않겠느냐?
　　ㅂ. 무엇 때문에 티격태격하는지 내용을 모르겠다는 것이다.
　　ㅅ. 직접 호소하는 게 낫겠다.
　　ㅇ. 이럴 때 병사가 출근부 도장 찍고 집에 앉아 있으면 남한산성이 또 한 번 우리의 현실이 될 수 있잖겠는가.
　　ㅈ. 너의 엄마 사인이 든 책을 가져 온다면 더할 나위 없이 기쁘겠지만…
　　ㅊ. 한 마리만 데려 오겠다고 말해 보리라.
　　ㅋ. "연덕춘 선생님과 상의해 보고 결정하겠습니다."라고 하자 이회장님은 "그래 니 마음 편하게 해라"고 했다.

ㅌ. 안양으로 옮기면 국내 최고 대우를 해 주겠다는 약속도 덧붙였다.

ㅍ. 어느 가정이나 그러하겠지만 신발장은 가지런하고 단출하기보다는 너저분하고 복잡하기 일쑤이다.

ㅎ. 도마가 닳지 않고 어찌 칼날을 받을 수 있으며 칼이라고 그대로 있겠는가?

ㄱ′. 아니 평생 그런 박수를 파도가 아니면 누가 쳐 주겠는가?

ㄴ′. 비둘기들도 나처럼 고민이 있어 넓은 바다를 찾아온 것은 아닌지 모르겠다.

ㄷ′. 자연이 주는 이보다 더 귀한 선물은 없겠기 때문입니다.

ㄹ′. 모두가 착하기만 하고 좋은 것만 있으니 무슨 재미가 있겠느냐는 얘기다. 여행 또한 좋은 경험만 갖고 온다면 무슨 의미가 있겠는가?

ㅁ′. 식물도감을 펼치면 들꽃 이름이야 찾아내겠지만 이들 하나하나의 이름보다 꽃잎 빛깔에 마음이 끌린다.

ㅂ′. 부당하게 교회 재산을 탐하는 것은 하나님을 떠난 우상 숭배가 아니고 무엇이겠는가?

ㅅ′. 그 결과는 무엇이겠는가 목회자여 목회자여.

ㅇ′. 어린이들에게 모범을 보여 주도록 힘써야 하겠다.

ㅈ′. 삶의 재충전을 위해 먹고 마시며 즐기는 여행도 필요하겠지만 그 것이 자연을 거스르는 것이어서는 안 될 것이다.

ㅊ′. 엄마하고 수아가 이사해야겠구나.

ㅋ′. 또렷하면 또렷하기 때문에 수호해야겠고 희미하면 희미하기 때문에 다듬어 바로잡아야겠다.

ㅌ′. 주고 가는 것은 사라지는 것이 아니라 남겨 두고 떠난다는 말이 옳겠다.

ㅍ′. 역시 화면을 통해서 보니까 왜 대단한지 알겠더라고요.

ㅎ′. 그는 언제까지고 배우는 자세로 세상을 살아가겠다고 말한다.

ㄱ″. 소수자들의 이야기에 더 눈을 돌리고 이들의 분리를 끊임없이 제기하며 이들을 대변하는 전통을 세워 갔으면 좋겠습니다.

ㄴ″. 조선어학회에서 〈한글〉을 편집하면서 보고 느낀 것을 쓰겠다.

ㄷ″. 조선어학회가 하는 일도 마찬가지입니다. 앞으로 조심하겠습니다. 지금 어느 때라고 대일본 제국을 두고 딴 생각을 하겠습니까.

ㄹ″. "지사 말로가 이런 것이 아니겠습니까." 고 숙연히 말하는 것을 편찬원들이 보았다.

ㅁ″. 그리고는 "안양에 와 있으면 안 되겠냐"고 물었다.

ㅂ″. 갑작스런 질문에 나는 "지금 답을 못 드리겠습니다.…"

ㅅ″. 서울 컨트리클럽에서 뼈가 굵은 제가 "갑자기 간다는 말을 못 하겠습니다"라고 했다.

ㅇ″. 내일 비가 오겠다.

ㅈ″. 그는 반드시 성공하겠다.

ㅊ″. 여론에 의하면 그는 대통령에 당선되겠다.

위의 38개 예문에서 쓰인 '-겠-'의 문맥적 뜻을 분석해 보기로 하겠다.

(1ㄱ)의 '-겠-'은 '가능'으로 보아지며 (1ㄴ)의 '-겠-'은 '추측'으로 이해되고, (1ㄷ)의 '-겠-'은 '의지미래'이다. (1ㄹ)의 '-겠-'도 '의지미래'이며 (1ㅁ)의 '-겠-'은 그 앞의 '앞서 나가야'의 '-야' 때문에 '마땅한(또는 의무)'의 뜻을 나타내는 미래로 보아야 할 것 같고 (1ㅂ)의 '-겠-'은 '가능'을 나타내며 (1ㅅ)의 '-겠-'은 '의지' 또는 '판단'으로 이해된다. 그리고 (1ㅇ)의 '-겠-'은 '추측(또는 가능?)'을 나타내며 (1ㅈ~ㅌ) '-겠-'은 '의지'를 나타내고 (1ㅍ)의 '-겠-'과 (1ㅎ)의

'-겠-'은 모두 '추측'을 나타낸다. (1ㄱ′)의 '-겠-'도 '추측'을 나타내고 '1ㄴ′'의 '-겠-'은 '가능'을, (1ㄷ′)의 '-겠-'은 '추측'을, (1ㄹ′)의 '-겠-'도 '추측'을 각각 나타낸다. (1ㅁ′)의 '-겠-'은 '가능'을, (1ㅂ′∼ㅅ′)의 '-겠-'은 '추측'을, (1ㅇ′)의 '-겠-'은 '마땅함(의무)'을, (1ㅈ′)의 '-겠-'은 '추측'을, (1ㅊ′∼ㅋ′)의 '-겠-'은 '마땅함'을, (1ㅌ′)의 '-겠-'은 '단정'을, (1ㅍ′)의 '-겠-'은 '가능'을, (1ㅎ′)의 '-겠-'은 '의지'를 각각 나타낸다. 또 (1ㄱ″∼ㄷ″)의 '-겠-'은 모두 '의지'를, (1ㄹ″)의 '-겠-'은 '추측'을, (1ㅁ″)의 '-겠-'은 '의지'를, (1ㅂ″)의 '-겠-'은 '가능'을, (1ㅅ″)의 '-겠-'은 '의지'를, (1ㅇ″)의 '-겠-'은 '추측'을, '1ㅈ″∼ㅊ″'의 '-겠-'은 '가능'을, 각각 나타낸다. 전체적으로 요약하여 보면, '-겠-'은 '추측, 가능, 의지, 마땅함(의무), 판단' 등의 뜻을 나타내는 미래시제 형태소임을 알 수 있다. 그런데 글쓴이가 왜 이 '-겠-'을 미래시제 형태소로 보느냐 하면, '추측, 가능, 의지, 마땅함, 판단' 등은 모두 현재에 그 결과가 나타나는 것이 아니고 미래에 나타나기 때문이다. 예를 들어 "비가 오겠다" 한다면 이때의 '-겠-'은 '추측'을 나타내는데 '비가 오는 사실'은 장차에 일어날 것을 예측하는 경우에 쓰인다. 그렇게 예측하면 몇 시간 이후이거나 며칠 이후에 비가 오게 되기 때문에 '추측' 그것만을 가지고 '-겠-'은 미래시제 형태소가 아니라 함은 옳지 못하다. 또 '가능', '의지', '의무' 등의 결과는 모두 미래에 일어나기 때문에 '-겠-'의 기능을 모두 묶어 '추정 형태소'로 규정하는 일은 옳지 않기 때문이기도 하다. '의지'는 '추정'으로 볼 수 없다. 확고한 자기 뜻을 추정으로 볼 수 있을까? '나는 내일 학교에 가겠다' 하면 '내일 반드시 학교에 간다' 그러므로 '의지'는 '의지미래'로 보아야 한다. (영어에서 의지미래와 단순미래가 있음을 상기해 볼 만하다.) 결국 '의지, 가능, 추정, 의무'는 장차의 발생 또는 실현을 전제로 하는 말들이다. 따라서 결과적으로 글쓴이는 '-겠-'을 미래시제 형태소로 규정하는 바이다.

2.1.3.2. -으리-

우리 국어의 때매김에 있어서 미래시제 형태소로서 제일 처음 나타난 것은 '-리-'인데 용비어천가에서부터 나타난다.

(1) 英主ㅅ 알픠 내내 붓그리리 (용 16장)

위에서 보는 바와 같다. 그런데 18세기에 와서 '-으리-'가 미정의 뜻을 지탱해낼 수 없는 경지에 이르게 되매, '-겠-'이 싹트기 시작하였는데 이것은 본래 명령을 나타내는 '-게 ㅎ-'의 완료형인 '-게 ㅎ엿-'에서 나온 것으로 차차 명령의 뜻이 없어지면서 추정의 뜻만이 두드러져서 오늘에 이른다. 그 변천 과정을 보면 다음과 같다.

(2) '-게 ㅎ얏-' 〉 '-게 ㅇ얏-' 〉 '-게 얏-'

끝 어형의 두 모음이 한 음절로 줄여지면 '-겠-'이 된다. 따라서 미정법의 재건은 18세기 말에서 19세기의 일인데, '-겟-'은 '-으리-'와 공존한다.13)

이제 '-리-'의 용례를 들어 보면 다음과 같다.

---

13) 허웅(1987), 『국어때매김법의 변천사』, 샘문화사, 232쪽에 의함.

(3) ㄱ. 관광객은 즉 돈이라는 말이 우스갯소리만은 아니리라.

ㄴ. 그는 잘 있었으리라.

ㄷ. 부모님 모시고 흙에 살리라.

ㄹ. 하지만 그걸로 뿌리가 뽑히리라 여겨지지 않는다.

ㅁ. 더구나 분양 받은 고양이가 아니라 가엾은 고양이라면 엄마로서도 거절하지 못하리라.

ㅂ. 운신도 못 하는 노인네의 노욕쯤으로 보였을 수도 있으리라.

ㅅ. 남은 인생 이렇게 살아간들 어떠리?

ㅇ. 황망 중에 우리가 떠나보낸 화우 그녀의 빈자리를 깜빡하신 것이리라.

ㅈ. 젊은 나이로 고인이 된 화우를 향한 그리움을 삭히려 함이리라.

ㅊ. 꽃망울이 부풀어 터질 때쯤 잠자리채를 손보아도 늦지 않으리라.

ㅋ. 자연의 힘에 순응하는 외경심에서 비롯된 말이리라.

ㅌ. 배를 채우기 위해 사는 시대는 지났다는 얘기리라.

ㅍ. 글 쓰는 사람 같지 않게 비우지 못한 딱딱한 가슴 탓이리라.

이 '-리-'는 그 용례가 비교적 드물 뿐만 아니라, (3ㅅ)과 같이 어미화하는 운명에까지 놓이게 될 처지가 되어 가는 듯하다. 이제 (3ㄱ~ㅍ)까지의 용례에서 그 문맥적 뜻을 분석해 보기로 하겠다. (3ㄱ~ㄴ)의 '-리-'는 '추측'을 나타내고 (3ㄷ)의 '-리-'는 '의지'를, (3ㄹ)의 '-리-'는 '가능'을, (3ㅁ~ㅂ)의 '-리-'는 '추측'을, (3ㅅ)의 '-리-'는 '의지'를, (3ㅇ~ㅍ)까지의 '-리-'는 '추측'을 각각 나타낸다. 종합적으로 '-리-'가 나타내는 문맥적 의미를 간추려 보면 '추측', '의지', '가능'의 셋으로 요약된다.

여기서도 '-리-'를 '추정'의 형태소로 보느냐 아니면 미래시제 형태소로 보느냐 문제가 되나 '추측(추정), 의지, 가능' 등을 통틀어

'추정'으로 묶을 수는 없다. '-겠-'을 다룰 때, 이미 말하였지마는 이 '-리-'도 미래시제 형태소로 보고 '추정, 가능, 의지' 등은 문맥에서 그런 뜻 기능도 가지고 있다고 하면 될 것으로 생각된다. 앞에서 본 바와 같이 영어의 경우도 '의도·생각, 가능, 운동, 의무, 의지' 등 다양한 문맥적 뜻을 나타내는 것과 견주어 보아도 앞의 '-겠-'과 '-리-'를 미래시제 형태소로 보아도 큰 무리는 없을 것으로 생각된다.

2.2. 시상

2.2.1. 회상시상

2.2.1.1. 회상시상 '-더-'

이에 대하여는 주시경 선생 이래 오늘날까지 모든 문법 학자들이 회상시상을 나타내는 형태소로 인정하고 있다. 그런데 정인승 선생만이 「끝바꿈으로의 때매김」이라는 제목 아래 동사의 매김꼴을 설명하고 그 다음에 마침꼴의 때매김을 설명하면서 "도로생각은 '더라, 더니라, 데, 더니, (으)ㅂ디다, (으)ㅂ딘다, 더면, 던들…'이 있다"고 하였다.[14] 그런데 우리가 가끔 다음과 같은 글들을 볼 수가 있다.

(1) ㄱ. 선생님, 철수가 집으로 갑디다.

ㄴ. 그가 서울로 가옵더이다.

---

14) 정인승(1956), 『표준고등말본』, 신구문화사, 116~117쪽 참조.

ㄷ. 그는 우리 말을 믿사옵더이다.

대개 '-시-', '-었-', '-겠-' 등은 '-사옵-', '-옵-', '-ㅂ-' 앞에 쓰이는데 (1ㄱ~ㄷ)에서 보는 바와 같이 '-더-'는 '-ㅂ-', '-옵-', '-사옵-' 다음에 쓰이고 있어서 어미에 가까운 성질을 가지고 있을 뿐 아니라, 때매김에서 회상시상을 인정하는 것이 합당하냐 하는 것도 재고하여 볼 필요는 있지 않을까 생각된다. 글쓴이는 일찍부터 회상시상은 엄밀히 말하면 말할이가 과거에 경험한 것을 이제 와서 회상하여 말하는 것인데 때매김 범주에는 들어갈 성질의 것이 아니지 않은가 하고 생각한 적이 있었다. 만일 때매김하는 것으로 보려면 '-었-', '-겠-'과 같이 인칭에 구애됨이 없이 사용되어야 하나 이는 일인칭에는 잘 쓰이지 않는 특징이 있다. 만일 쓰이려면 일인칭이 객관화된 경우나 의문문인 경우에 주로 쓰이나 서술문에서 어떤 사실을 느낀 대로 말할 때도 쓰일 수 있다.

(2) ㄱ. 나는 꿈에서 영희를 사랑하더라.

　　ㄴ. 내가 그 일을 잘 했더라.

　　ㄷ. 너는 내가 공부를 잘 하더라고 했다.

　　ㄹ. 거울에 비추어 보니 나도 미남이더라.

　　ㅁ. 내가 무엇을 잘못하더냐?

(2ㄱ)의 '나'는 현실의 '나'가 아니고 꿈속에서의 '나'이다. 그러니까 '나'는 '나'이되 서로 다른 '나'이다. 그러므로 문장은 성립된다. (2ㄴ)은 과거에 내가 무슨 일을 했는데, 지금 와서 생각해 보니까, 그때 한 일이 잘 되었다는 뜻으로 과거에 무슨 일을 한 '나'와 지금에

반성해 보는 나는 동일 인물이 아니다. 객관화된 '나'인 것이다. (2ㄷ)의 '나'는 인용문의 주어로 되어 있다. 이때 인용문을 말한 사람은 '나'가 아니고 '너'인 것이다. 그러니까 '-더-'가 와도 상관이 없다. 만일 말할이인 '나'가 '나는 공부를 잘 하더라'고 한다면 이상한 문장이 되어 버린다. (2ㄹ)은 남기심 교수도 『통어론』, 341쪽에서 예문을 들고 설명하고 있는데 거울 속에 비치어 있는 '나'와 밖에서 보고 있는 '나'와는 서로 다르다. (2ㄹ)은 객관적인 입장에서 말하고 있기 때문에 자연스러운 문장이 된 것이다. (2ㅁ)은 의문문이다. 의문문에서는 '나'와 '-더-'가 공기할 수 있다. 그러나 다음과 같은 문장에서는 '-더-'는 쓰일 수 없다.

(3) ㄱ*. 너는 공부하더냐?

　　ㄴ*. 너는 어제 잘 자더냐?

(3ㄱ, ㄴ)에서의 '너'는 바로 당사자이기 때문에 '너'가 행위자의 처지임으로 비문이 된 것이다. 그런데 (2ㅁ)이 문법적인 것은 내가 잘못한 것을 본 사람은 나의 말을 듣는 상대방이기 때문이다. 판단은 듣는 사람이 하게 되어 있는 것이다. 다음의 예를 보기로 하자.

(4) ㄱ. 나는 네가 사랑스럽더라. (정의적 형용사)

　　ㄴ. 나는 그가 징그럽더라. (정의적 형용사)

　　ㄷ. 나는 철수가 부럽더라. (정의적 형용사)

　　ㄹ. 나는 땅콩이 고소하더라. (미각 형용사)

　　ㅁ. 나는 여기가 미끄럽더라. (촉각 형용사)

　　ㅂ. 나는 이 방이 윗방보다 따뜻하더라. (촉각 형용사)

ㅅ. 나는 차를 타니까 어지럽더라. (평형감각 형용사)

ㅇ. 나는 그가 아니꼽더라. (유기감각 형용사)

ㅈ. 나는 그 말을 듣고 너무 분하더라. (정의적 형용사)

ㅊ. 나는 그이의 말을 들으니 내가 착하더라. (평가 형용사)

ㅋ. 나는 생각하니 나도 슬기롭더라. (이지 형용사)

ㅌ. 나는 나이가 그와 비슷하더라. (견줌 형용사)

ㅍ. 나는 나이가 그에 비해서 적더라. (셈술 형용사)

　　남기심 교수는 『통어론』, 341쪽에서 "느낌 형용사가 서술어일 때는 주어는 항상 말할이 자신인 '나'여야 한다"고 하였는데 글쓴이가 조사한 바에 따르면 평가형용사, 셈술형용사, 견줌형용사가 서술어일 때도 '나'와 '-더-'는 공기할 수 있음을 (4ㅊ, ㅌ, ㅍ)을 보면 알 것이다. 이는 문장의 짜임새에 따라서 더 많은 예가 있을 수 있을 것으로 보인다.

　　그리고 '-더-'는 요즈음 차차 어미화하여 가는 경향에 있다.

(5) ㄱ. 그가 공부를 잘 합디다.

ㄴ. 철수는 열심히 공부하였더라.

ㄷ. 내가 죽은 후 혹 사리가 나오더라도 절대 세상에 내 놓지 말라 하셨다.

ㄹ. 일하던 손을 놓고 쉬었다.

ㅁ. 지난날 잘 지냈던 때가 있었다.

ㅂ. 그가 이기겠던 경기를 보지 못했다.

　　(5ㄱ)의 '-디-'는 낮춤을 나타내는 '-ㅂ-' 다음에 쓰이고 있는데

이는 '갑니다' 할 때의 '-니'가 '-ㅂ-' 다음에 쓰이는 것과 같으니 어미에 가깝다 할 수 있고 (5ㄴ)의 '-였더-', (5ㄷ)의 '-더라도'에서 보면 (5ㄴ)의 '-더'는 선어말어미 중에서 제일 끝에 쓰였고 (5ㄷ)의 '-더'는 어미화한 것으로 보아진다. 즉 '-시었겠더-', '-시옵겠더-'에서 보는 바와 같이 '-더'는 선어말어미 중 제일 끝에 쓰여 있다. (5ㄹ~ㅁ)에서 관형형어미 '-ㄴ-'이 '-더-'에 쓰이고 있는데 이 사실도 '-더-'가 어미에 가까운 성질을 가지고 있는 것으로 보면 어떨까? 왜냐하면 '-ㄴ-'은 어미이기 때문이다.15)

(6) ㄱ. 아이가 <u>오더라</u>.

　　ㄴ. 산이 <u>높더라</u>.

　　ㄷ. 그는 착한 학생<u>이더라</u>.

(6ㄱ~ㄷ)의 각 서술어는 '오더다', '높더다', '이러다.'로 되어야 하나 말이 되지 아니할 뿐 아니라 발음상 무리가 있어 모두 '-다'를 '-라'로 고쳐서 말하게 되는데, 이 사실 또한 '-더-'를 '-라'와 합하여 어미로 보면 무리일까? 특히 '-더-'는 종결법에서는 서술형과 의문형과만 어우르고 자격법에서는 관형사형과만 어우르고, 연결법에서는 구속형, 서술형과만 어우른다. 그뿐 아니라 어우르는 꼴의 모든 어미와 어우르지도 못하고 그 중에 몇 개와만 어우른다. 그러므로 '-더-'의 쓰임이 매우 제한되어 있다. 위에서 설명한 바를 예문으로 보이면 다음과 같다.

---

15) 최현배 교수는 『우리말본』(1983), 472쪽에서 '-ㄴ'을 '매김꼴씨끝'이라 했다.

(7) ㄱ. 그가 가더구나. (가더니라) 〈아주낮춤〉

　　ㄴ. 그가 가데. (더이) 〈예사낮춤〉

　　ㄷ. 그가 갑디다. (예사높임)

　　ㄹ. 그가 가더이다. (아주높임)

(8) ㄱ. 그가 가더냐? (아주낮춤)

　　ㄴ. 그가 가던가? (예사낮춤)

　　ㄷ. 그가 갑디까? (예사높임)

　　ㄹ. 그가 가더이까? (아주높임)

(7ㄱ~ㄹ)은 서술문의 보기요, (8ㄱ~ㄹ)은 의문문의 보기이다.

다음은 연결법의 구속형과 서술형의 '-더-'의 때매김을 보이기로 한다.

(9) ㄱ. 오더면, 오던들 (매는꼴)

　　ㄴ. 오더니, 오던바 (풀이꼴)16)

(9ㄱ)은 실제로 현대어에서 잘 쓰이지 아니하는 듯하고17) (9ㄴ)의 '오더니'는 현대어에서 쓰이나 '오던바'는 잘 쓰이지 않는 듯하다. 이와 같이 그 쓰임이 극히 제한된 '-더-'를 굳이 하나의 때매김 형태소로 보아야 할까 의심스럽다. 그리고 분명히 말하면 경험을 나타내는 '-더-'를 때매김 범주에 넣을 수 있는가도 문제이다. 앞으로

---

16) 최현배(1983), 『우리말본』, 정음문화사, 456~459쪽에서 그대로 옮김.

17) 허웅 교수의 『20세기 우리말의 형태론』(1995), 1192쪽에서는 예를 들고 있다. (다만 '더면'에 한함.)

더 연구해 볼만한 일이다.

2.2.1.2. 과거회상시상: -었더-

먼저 예문부터 보기로 하겠다.

(1) ㄱ. 이스라엘 민족의 철저한 다이아스포라와 같은 운명에 놓이게 되었
     으니 얼마나 비운의 민족이<u>었던</u>가?
  ㄴ. 참으로 처벌을 받아 마땅한 천인공노할 만행이 아니<u>었던</u>가?
  ㄷ. 1983년 12월 28일에 장본인에게 직접 전화를 걸어서 문의<u>했더</u>니
     1.3설은 터무니없는 이야기라고 하고…
  ㄹ. 몇몇 친구들이 불려가 문초를 받<u>았더</u>라고 하면서… 기록은 언제나
     그렇지 않더라고 했다.
  ㅁ. 엄마에게 갔<u>더</u>니 며칠 전에 산 거라며 옷 자랑을 하신다.
  ㅂ. 며칠 뒤 다시 친정에 갔<u>더</u>니 엄마는 아픈 다리를 질질 끌며 베란다
     로 나가더니 나를 부르셨다.
  ㅅ. 올 겨울 감기 걸리지 않는 것이 행복 운운…<u>했던</u>가?
  ㅇ. 그 비문엔 동생 이름 하나 덩그마니 올려져 있<u>었던</u>가?
  ㅈ. 가사 벗은 겨를이 없<u>었더</u>라는 화담경화도 나중에 조용이 좌선한
     곳이 여기였다.
  ㅊ. 그는 학창시절에 지금보다 더 착<u>했더</u>라.
  ㅋ. 철이는 참한 학생이<u>었더</u>라.

  (1ㄱ~ㅈ)까지는 완결회상이 아니라 과거 일을 회상하여 말한 것
으로 보아진다. 특히 (1ㅊ)을 보면 '착했더라'는 절대로 완결회상으

로 볼 수 없는 것이 "그는 지금도 착한데, 학창시절에는 더 착했다" 는 뜻이기 때문이다. 착한 것이 끝난 것이 아니고 지금까지 이어지고 있는 것이기 때문이다. 형용사가 나타내는 상태나 성질 등은 완결이 있을 수 없는 것이다. 이와 같이 (1ㅋ)도 "철이는 지금도 참한데, 학생 시절에도 참한 학생이었다"는 것을 말하고 있기 때문에 완결회상으로 보기는 어렵지 않나 생각된다.

2.2.1.3. 과거회상시상: -었었더-

(1) ㄱ. 그녀를 향한 의사의 최후 통보성 발언을 전해 듣는 순간 내 가슴은 얼마나 서늘했<u>었던</u>가?

'-었었던-'의 예는 위의 것뿐인데, 잘 나타나지 않는다. 위의 예 '얼마나 서늘했었던가?'는 '얼마나 서늘했던가?'로 하여도 될 것을 강조하기 위하여 '-였었던-'으로 표현한 것 같다. 사실 우리말에서 이런 표현법은 잘 쓰이지 않는다.

2.2.1.4. 과거회상시상: -았다더-

이것의 예문은 하나가 나타났는데 '-았다고 하더'가 줄어진 형태인데 입말에서는 가끔 쓰이는 것 같다. 차례가 좀 바뀌었으나 드물게 나타났기 때문이다.

(1) ㄱ. 아들을 잃은 어머니는 어느날 기어코 무덤을 파 보고 말<u>았다던</u>가?

이것 역시 과거 회상을 나타내는 것으로 보아야 할 것이다.

2.2.1.5. 추정회상시상: -겠더-

먼저 예문부터 보기로 하자.

(1) ㄱ. 역시 화면을 통해서 보니까 왜 대단한지 알겠더라고요.

ㄴ. 너희들 퍼 줄 생각에 아픈 줄도 모르겠더라.

ㄷ. 의사가 얼마나 설명을 안 해주는지 내가 환자 돼 보니 알겠더라.

ㄹ. 나는 네가 좋아 죽겠더라.

(1ㄱ~ㄹ)까지의 '-겠더-'는 경험한 데 대한 의지의 뜻을 나타내고 있다. 따라서 '-겠-'을 일방적으로 추량형태소로 보는 것은 무리라 아니 할 수 없다.

2.2.1.6. 과거추정시상: -었겠-

1) -었겠-

예문부터 보기로 하겠다.

(1) ㄱ. 국가를 상실한 민족의 고통이 어떠했겠는가?

ㄴ. 쪼우가 말한 고양이 이야기 때문이었겠지만 뉴질랜드에 두고 온 레오 생각이 나서였다.

ㄷ. 인쇄소에도 세대 교체되어 기억에서 사라졌겠지만 고맙게 생각한다.

ㄹ. 내 나이 벌써 이순을 넘겼으니 어찌 감회인들 없을 수 있었겠는가?

ㅁ. 신참 내기의 반짝 열의였겠지만 지금 생각하면 제법 열정을 쏟을
    것 같기도 하다.
ㅂ. 그날 바다가 울었던 것은 분명 우연에 불과했겠지만, 나는 그 걸인
    들의 울음과 바다 울음을 별개의 것으로 생각할 수가 없었다.
ㅅ. 해외 영화제를 처음 와 보는데 그런 지식이 있었겠느냐?
ㅇ. 숙제도 다 했겠다 일찍 자거라.
ㅈ. 너는 졸업도 하였겠다, 취직도 되었겠다 무슨 걱정이겠느냐?

'-겠-'은 과거의 '-었-' 뒤에 쓰이면 주로 '추측'을 나타내는데 (1
ㄱ~ㅅ)까지는 과거의 추측을 나타내나, (1ㅇ~ㅈ)은 '-겠-'이 다짐을
나타낸다. 이것은 '-것-'이 오늘날 잘못 쓰이면서 '-겠-'으로 된 것
이다. 일반이 모르고 쓰는 데서 온 오류인 것이다.

2) -었으리-
이것은 현대에 있어서 제법 많이 쓰이고 있다. 예문을 보기로 하자.

(1) ㄱ. 큰아기들과 동백기름을 발라 곱게 쪽을 진 새댁들이 치맛자락을
       펄럭이며 뛰어올랐으리라.
    ㄴ. 그는 이 일을 들었으리라.
    ㄷ. 날개 잃은 새끼 비둘기 같은 어린 손녀딸이 못내 아린 상처 같아서
       그렇게 하셨으리라.
    ㄹ. 연세 많으신 할아버지의 심정이 지금의 내 마음과 흡사했으리란
       생각을 하면서 기약할 수 없는 대답을 요구하는 것이다.

'-리-'도 '-었-' 뒤에서는 추측을 나타낸다. 따라서 (1ㄱ~ㄹ)의 '-

었으리-'는 과거의 추측을 나타낸다. 여기서의 '-었-'은 '-겠-' 앞에 오는 '-었-'과 같이 확실히 과거를 나타낸다.

2.2.1.7. 과거추정회상시상: -었겠더-

이 복합형태소는 현대문에서 잘 나타나지 않으나 글쓴이의 직관에 따르면 가능할 것 같아 여기에서 다루기로 한다.[18]

(1) ㄱ. 그이는 옛날에는 잘 살았겠더라.
　　ㄴ. 말을 들으니 그는 머리가 좋았겠더라.
　　ㄷ. 그는 미국에서는 잘 지냈겠더라.

이것은 과거의 일을 추측하여 회상할 때에 쓰인다. 그러면서 연결법에서는 상당히 제약되어 쓰인다.

(2) ㄱ. 그는 돈도 있었겠더니만 깨끗하게 일을 처리하지 못하더라.
　　ㄴ. 그는 실력도 있었겠던데 그만 그 시험에 실패했었다.

(2ㄱ~ㄴ) 정도인데 그 이외는 쓰이지 아니한다.

---

18) 허웅 교수의 『20세기 우리말의 형태론』에는 그 예가 없다.

2.2.2. 진행시상

2.2.2.1. 현재진행시상: '-고+있-'

예문을 들기로 한다.

(1) ㄱ. 어떤 사람은 무덤 앞에서 기도를 <u>하고 있고</u> 어떤 사람은 절을 <u>하고 있다</u>.

ㄴ. 온 가족이 흰 옷을 <u>입고 있다</u>.

ㄷ. 나비야 나비야 하며 <u>불러대고 있다</u>.

ㄹ. 손에 뭔가를 <u>들고 있다</u>.

ㅁ. 동생의 손을 잡고 앞으로 나아가실 때도 색안경을 <u>끼고 계셨다</u>.

ㅂ. 사람들 앞에서 어머니에 대한 그리움을 색안경으로 <u>감추고 계셨음</u>을…

ㅅ. 나비도 이곳에서 날개를 <u>흔들고 있을거예요</u>.

ㅇ. 갈매기들은 날개를 보란 듯이 활짝 펴고 하늘을 거침없이 <u>날고 있다</u>.

ㅈ. 셀 수 없이 많은 갈매기 때들이 경포대 앞바다 위를 <u>수놓고 있다</u>.

ㅊ. 어느새 날이 <u>저물고 있다</u>.

ㅋ. 도시와 농촌의 교류를 위해 지역별로 마을을 지정하여 농촌 체험의 기회를 만들어 <u>주고 있다</u>.

ㅌ. 느티나무가 서늘한 그늘을 <u>펼치고 있다</u>.

(1ㄱ)은 행동의 진행을 나타내고, (1ㄴ)은 옷을 입고 있는 상태를, (1ㄷ)은 행위의 진행을, (1ㄹ~ㅂ)도 상태를, (1ㅅ~ㅊ)은 행위나 상태

의 진행을 나타내고 있다. (1ㅋ)은 어떤 단체 간의 일을 제도화하고 있음을 나타낸다. (1ㅌ)은 그늘을 만들고 있는 상태를 나타내고 있다. 이로써 요약하면 현재진행시상은 하고 있는 어떤 모습과, 행위의 진행을 나타낼 때 쓰임을 알 수 있다.

2.2.2.2. 과거진행시상: '-고+있었-'

이 때매김은 통계상 그리 많이 나타나지는 않으나 실제 말살이에서 쓰이므로 여기에서 다루기로 한 것이다.

(1) ㄱ. 오베르에는 가셔라는 신경질환 전문의가 <u>살고 있었다</u>.
　　ㄴ. 체크 무늬 셔츠에 청바지가 잘 어울리는 농부가 집 앞을 <u>쓸고 있었다</u>.

(1ㄱ)의 '살고 있었다'는 과거에서부터 거주하는 상태가 말할이가 본 그때까지 지속되고 있었음을 나타내고 있다. 즉 과거부터의 지속상태를 말한 것이다. (1ㄴ)의 '쓸고 있었다'는 말할이가 과거에 보니까 그 면전에서 '집 앞을 쓸고 있었음'을 나타내고 있다. 그러므로 이것은 과거진행시상으로 볼 수 있다. 이와 같이 과거진행시상은 과거까지의 동작 상태가 지속되고 있음을 나타냄과 아울러 과거에 동작의 진행을 나타내는 때매김임을 알 수 있다.

2.2.2.3. 현재진행회상시상: '-고+있더-'

이 때매김도 통계상에 잘 나타나지 않으나 글쓴이의 직관에 따라 보기를 들기로 하겠다.

(1) ㄱ. 그는 잘 <u>살고 있더라</u>.

ㄴ. 내가 가서 보니까, 그는 <u>공부하고 있더라</u>.

ㄷ. 철수는 고시 준비를 <u>하고 있더라</u>.

ㄹ. 철이는 막 밥을 <u>먹고 있더라</u>.

(1ㄱ)의 '잘 살고 있더라'는 잘 생활하는 상태가 과거부터 지속되고 있음을 보고 돌이켜 말하고 있음을 알겠고 (1ㄴ)은 말할이가 가서 보니까, '공부하는 행위를 과거부터 하고 있음을 면전에서 바로 보고' 돌이켜 말한 것으로 보인다. (1ㄷ)은 '철수가 전부터 내가 가 본 그때까지 고시 준비를 지속적으로 하고 있음을' 나타내고 있으며 (1ㄹ)은 (1ㄴ)과 같이 보면 될 것이다. 즉 말할이가 가서 보니까, '철이가 그때 바로 밥을 먹는 행위를 진행하고 있음을 보고' 그때 상황을 돌이켜 말하고 있는 것이다. 위에서 본 바와 같이 현재진행회상시상은 과거부터 어떤 행위(동작)를 지속하고 있음과 과거에 어떤 행위를 진행하고 있음을 보고 돌이켜 말하는 때매김임을 알 수 있겠다.

2.2.2.4. 과거진행회상시상: '-고+있었더-'

이 때매김도 통계상에 잘 나타나지 않으나 글쓴이의 직관에 따라 예를 들고 설명하기로 하겠다. 잘 쓰일 것 같지 아니하다.

(1) ㄱ. 그는 그때까지 <u>놀고 있었더라</u>.

ㄴ. 영희는 내가 가 보니까, 매일 테니스만 <u>치고 있었더라</u>.

(1ㄱ)은 과거에 겪어 보니까 놀고 있는 상태가 그 과거부터 말할 이가 볼 때까지 계속되고 있음을 돌이켜 말한 것이며 (1ㄴ)은 과거에 보니까, 영희는 테니스를 치는 행위를 그 전부터 계속 하고 있었음을 돌이켜 말하고 있음을 알 수 있다.

2.2.2.5. 과거진행추정시상: '-고+있었겠-'

이 때매김도 통계에는 잘 나타나지 않으나 글쓴이의 직관에 의하여 가능할 것 같기에 여기서 다루기로 한다.

(1) ㄱ. 그는 여러 가지 면으로 보아 잘 <u>살고 있었겠</u>다.
　　ㄴ. 그는 할머니하고 <u>살고 있었겠</u>다.
　　ㄷ. 그는 산속에서 혼자 <u>살고 있었겠</u>다.

(1ㄱ~ㄷ)에서 보면 '-겠-'이 주로 추측을 나타내고 있음은 하나의 규칙처럼 보아진다. 그래서 이 '-겠-'을 미래시제 형태소로 보기 어려운 일면이 있다. 이와 같은 사실은 '-겠-'의 이중적인 구실로 보아야 할 것이다.

2.2.2.6. 과거진행추정회상시상: '-고+있었겠더-'

이 때매김도 통계에는 나타나지 않았다. 그러나 직관에 따라 쓰일 수 있기 때문에 여기에 다루기로 한 것이다.

(1) ㄱ. 그는 미국에서 잘 <u>살고 있었겠더</u>라.

ㄴ. 이야기를 들으니 미국에서 잘 <u>지내고 있었겠더라</u>.

(1ㄱ~ㄴ)에서도 '-겠-'은 추측을 나타낸다. 사실 (1)의 문장은 일반적으로 '잘 지냈겠더라'로 말함이 일반적이어서 통계에는 잘 나타나지 않았나 생각된다. '-겠-'이 추측을 나타내는 경우는 '-었-' 뒤에 올 때에 한정된다.

3. 매김법의 때매김 형태소

3.1. 시제

3.1.1. 과거관형시제: -은/ㄴ-

예문부터 보기로 한다.

(1) ㄱ. 정 전총장이 불출마 결심을 굳<u>힌</u> 것은 지난 주라고 한다.

　　ㄴ. 할머니의 손은 벌겋게 얼<u>은</u> 것 같고 터져서 피가 나는 것도 같았다.

　　ㄷ. 영미식의 시장 주도형 경제 개혁과 "작은 정부"를 주장해 <u>온</u> 사르코지의 당선으로 프랑스는 <u>큰</u> 변화와 개혁이 예상된다. 사르코지는 또 현재의 자크시라크 대통령과 같은 정당 출신이지만 이번 승리를 통해 우파 내에서 과도<u>한</u> 부채, 높<u>은</u> 실업률 등으로 점철된 시라크 유산과 단절하는 정치권의 세대교체도 이뤘다. … 그는 승리가 확정<u>된</u> 6일 밤 8시 30분 당선 연설에서 "우리의 친구 미국 그들이 필요로 할 때 언제든 곁에 있겠다"며 미국과의 우호 협력을

강조했다.

ㄹ. 열무 삼십단을 이고 시장에 간 우리 엄마 안 오시네. 독자들이 보낸 애틋한 사연들.

ㅁ. 어쨌든, 전학 온 첫날 내게 다가와 어려운 이야기를 해 준 쪼우라는 친구가 생긴 것은 좋은 일인 것 같다.

ㅂ. 부인이 국민총력 조선연맹 총재 ○○○을 찾아 간 것이었다. … 그를 태산 같이 믿고 조선어학회 사업을 계속한 것이다.

ㅅ. 보리 수확을 앞둔 수확물을 소위 공출로 수탈당한 농민들의 생활상은 거의 기아 상태였다.

ㅇ. 봄이 되면 산야에 돋아난 파릇파릇한 쑥, 싱그로이 솟아난 새소나무 가지 쌀겨도 아닌 상태 보리등겨로 만든 개떡과 막걸리 양조장의 술찌거기 등… 일반 서민들의 소중한 식량의 일부였으니 오늘날 빈곤의 대상인 아프리카인의 기아상을 방불케 했다.

ㅈ. 그로 인해 생활의 기반을 잃은 많은 농민들은 남부여대하여 조상전래의 정든 고향을 등지고 황량한 동토미지의 만주 벌판으로 살길을 찾아 떠나야만 했다.

ㅊ. 학병과 지원병 제도는 다량으로 소모된 병력의 충원인 동시에 한민족의 민족정신의 말살이었다.

이 '-은/-ㄴ'은 동사에 쓰여 과거관형시제를 나타내나 다음 3.1.2에서 보면 현재를 나타내는 일이 있으니 참고하기 바란다.

3.1.2. 현재관형시제: -는-

'-는-'은 동작성의 형태소이므로 동사와 '있다/없다'에 쓰이어 현재, 지속 또는 현재진행 등등을 나타낸다.

(1) ㄱ. 가장 명당이란 곳을 선정하여 그 주신을 모신 신사를 건립하여…

ㄴ. 학생들로 하여금 아침 기상 후 청정한 몸과 마음으로 일황이 거주하는 황궁을 향해 경배토록 하는 황거 요배를 강요하였다.

ㄷ. 그들의 한 많은 삶의 탄성이 오늘날에도 이국만리 사하린 섬에서 망향의 눈물 속에서 메아리 치고 있는 듯하다.

ㄹ. 이와 같이 계획적으로 수탈한 옥토는 일본 국민들의 꿈과 젖이 흐르는(넘쳐흐르는) 선망의 식민지요, 신천지였다.

ㅁ. 우리 민족은 미구에 2000년 동안 국가 없는 실향민으로 세계 곳곳을 유랑하여 온갖 수모 집단살육을 당한 이스라엘 민족의 처절한 다이아스포라와 같은 운명에 놓이게 되었으니 …

ㅂ. 한민족의 민족정신의 말살과 지적자원을 사전에 삼제하려는 원대한 계획이기도 했다.

ㅅ. 누구든 물꼬를 트는 말을 해야 한다면서 대기업을 두둔하는 것 아니냐는 말이 나올 수 있겠지만 어쩔 수 없다고 하였다.

ㅇ. 8.15 해방, 1945년 8월 15일 정오에 일왕 히로히토는 떨리는 목소리로 라디오 방송을 하였다.

ㅈ. 산업의 미발달로 공직에 종사하는 소수를 제외한 대다수 일반 시민들은 취업이란 거의 불가능한 봉건주의 영세 소작민이었다.

ㅊ. 오늘날 개나 돼지도 먹지 않는 그런 것들이 일반 서민들의 소중한 식량의 일부였으니…

ㅋ. 일본말로 대화를 했다는 황당한 일화도 있을 정도로 우리말 말살 정책이 철저했었다.

ㅌ. 한민족을 일본 민족화하려는 황민화 정책과 일본 천황이 한민족을

일본 민족과 평등하게 보아 사랑한다는 소위 일시동인 정책을 강행했으니 살펴보자.

ㅁ. 일본 왕실의 뿌리가 백제와의 깊은 혈연관계에 있었다는 것을 현 아끼히또 일왕도 공식으로 시인한 바 있었다.

ㅎ. 어쨌든 쪼우라는 친구가 생긴 것은 좋은 일인 것 같았다.

ㄱ'. 그는 나에게 간다라는 말을 하고 떠나갔다.

ㄴ'. 5개월 동안 탈진이 계속되는 기간 중 그는 생의 반려를 만났다.

ㄷ'. "서울 컨트리클럽에서 뼈가 굵은 제가 갑자기 간다는 말을 못 하겠습니다"라고 했다.

ㄹ'. 안양으로 옮기면 국내 최고 대우를 해 주겠다는 약속도 덧붙였다.

ㅁ'. 사람을 해치며 도적질 하는 손, 불의한 뇌물을 받는 손, 도박에서 손을 떼지 못해 하루아침에 패가망신 하게 하는 손도 있다.

ㅂ'. 주위가 지저분하면 마음마저 혼란스럽다는 말은 정말로 옳은 말인 듯했다.

ㅅ'. 또 해외대회 참가 땐 출장비를 별도로 지급하는 파격적인 혜택을 줬다.

ㅇ'. 정치를 할 듯, 말 듯하는 것이 국민의 눈엔 전략적으로 계산하는 사람처럼 보인다. … 아니면 빨리 그만 두는 게 낫다고 충고했다고 한다.

ㅈ'. 이 길은 내가 매일 오고 가는 길이다.

ㅊ'. 나는 둘 다 없는 것 같다.

ㅋ'. "내가 늘 사회 참여를 통해 세상을 바꾸는 것이 학자의 소임이라고 가르쳤는데, 왜 망설이느냐"고 야단을 치시더라.

(1ㄱ)의 '명당이란'은 '명당이라고 하는'이 줄어서 된 것인데, 이

와 같이 말을 하는 것이 오늘의 언어습관인 것 같다. (1ㅂ)의 '삼제하려는'도 '삼제하려고 하는'이 줄어든 것이며 (1ㅅ)의 '두둔하는 것 아니냐는'도 '두둔하는 것이 아니냐고 하는'이 줄어서 된 것인데 이렇게 말을 다 고쳐 보니까 조금 이상한 느낌마저 든다. (1ㅋ)의 '대화를 했다는'도 '대화를 했다고 하는'이 준 것이며 (1ㅌ)의 '만족하려는'은 '만족하려고 하는'이 준 것이요, 또 같은 항의 '사랑한다는'도 '사랑한다고 하는'이 줄어서 된 것이며, (1ㅍ)의 '있었다는' 역시 '있었다고 하는'이 준 것이다. 그리고 (1ㅎ)의 '쪼우라는'은 '쪼우라고 하는'이 준 것이며 (1ㄱ')의 '간다라는'은 '간다라고 하는'이 준 것이다. 또 (1ㄷ')의 '간다는'은 '간다고 하는'이 준 것이며 (1ㄹ')의 '주겠다는'은 '주겠다고 하는'이 줄어든 것이요, (1ㅂ')의 '혼란스럽다는'은 '혼란스럽다고 하는'이 준 것이다.

지금까지 보아 왔지마는 말을 줄여서 '이다'나 '형용사'에 '-는'을 붙여 쓰는 것이 하나의 습관이 되어 굳어지면 어미는 '-다는'으로 아주 굳어 버리게 될 가능성도 없지 않다.

(1ㄴ)의 '거주하는'의 '-는'은 '지속'을, '하는'의 '-는'은 '명령' 또는 '지속'으로 보아진다. (1ㄷ)의 '있는'의 '-는'은 '지속'을, (1ㄹ)의 '흐르는'의 '-는'은 '상태' 또는 '동작의 연속'을, (1ㅁ)의 '없는'의 '-는'은 '상태'를, (1ㅅ)의 '-는'은 '수식' 또는 '시작'을, 각각 나타내며 '두둔하는'의 '-는'은 다음 말 '것'을 꾸미고 있다. (1ㅇ)의 '떨리는'의 '-는'은 때매김보다는 다음 말을 꾸미는 구실을 하고 (1ㅈ)의 '종사하는'의 '-는'은 '지속'을, (1ㅊ)의 '않는'의 '-는'은 다음 말을 꾸미는 구실을 한다. (1ㄴ')의 '계속되는'의 '-는'은 '지속'을, (1ㅁ')의 '도둑질 하는'의 '-는'과 '뇌물을 받는'의 '-는' 및 '패가망신하게 하는'의 '-는'은 모두 '버릇(악습)'을 나타내면서 다음 말들을 꾸미고 있

다. (1ㅅ′)의 '지급하는'의 '-는'은 다음 말을 꾸미고 있으며 (1ㅇ′)의
'듯하는'의 '-는'과 '계산하는'의 '-는' 및 '그만 두는'의 '-는'은 모두
다음 말을 꾸미고 있고 (1ㅈ′)의 '오고 가는'의 '-는'은 '관습' 또는
'반복'을 나타내면서 다음 말을 꾸미고 있다. (1ㅊ′)과 (1ㅋ′)의 '없는'
의 '-는'과 '바꾸는'의 '-는'은 다음 말을 꾸미는 구실을 한다. 그런
데, 형용사와 '이다'에는 '-는'이 쓰이지 아니하고 '은/ㄴ'이 쓰이는
데 앞에서 예를 본 바와 같다.

결론적으로 말하면 '-는'은 다음 말을 꾸미되, 그 문맥에 의한 의
미적 기능을 보면 현재의 진행, 지속, 관습, 단순한 수식기능, 상태,
동작의 연속(지속과 같기는 하나 '물이 흐르는'과 같은 경우는 좀 다르다),
악습, 반복 등 다양하게 나타난다.

3.1.3. 미래관형시제: 을/ㄹ

'-을/-ㄹ'은 미래시제를 나타내기도 하고 단순히 다음 말을 꾸미
는 구실을 하는데 더 자세한 구실을 알기 위하여 예문부터 보기로
하자.

(1) ㄱ. 이럴수록 우리는 우리 갈 길을 정시해야 한다.

ㄴ. 내가 세운 이 세 가지의 '프란니다아나'는 어제도 오늘도 그리고
    또 내일도 그대로 계속할 것이다.

ㄷ. 가장 소중한 위치에 속하는 지대라 아니할 수 없다.

ㄹ. 골목 어느 모퉁이로 가든지 제 문화의 본간을 어루만져 볼 길이
    없고…

ㅁ. 그날이 오면 삼각산이 일어나 더덩실 춤이라도 추고 한강물이 뒤집

혀 용솟음칠 그날이 … 라고 읊었던 바로 그날이 온 것이다.

ㅂ. 일본말로 대화를 했다는 황당한 일화도 있을 정도로 우리말 말살정
책이 철저했었다.

ㅅ. "성을 갈면 개자식이다"라는 속담이 있을 정도로 가문의 상징인
성씨를 중시하는 우리 전통으로서는 …

ㅇ. 정든 고향을 등지고 황량한 동토미지의 만주 벌판으로 살 길을
찾아 떠나야만 했다.

ㅈ. 그는 당선 연설에서 "우리의 친구 미국, 그들이 필요로 할 때 언제
든지 곁에 있겠다" 하였다.

ㅊ. 참으로 천벌을 받아 마땅한 천인공노할 만행이 아니었던가?

ㅋ. "가망이 없을 것 같아서 고려할 가치도 없다 싶으면 그냥 당을
나가면 될 일"이라고 하였다.

ㅌ. 대기업을 두둔하는 것 아니냐는 말이 나올 수 있지만 어쩔 수 없다
고 말했다. … 산업자본은 은행지분을 10%까지 소유할 수 있고
의결권은 4%까지만 행사할 수 있다.

ㅍ. 오랜만에 우리의 부끄러움을 씻어버리고 목마름을 풀어 줄 국어학
이론서가 나왔다.

ㅎ. 남한산성이 또 한번 우리의 현실이 될 수 있잖겠는가?

ㄱ'. 하늘을 날아갈 듯 기뻤다.

ㄴ'. 이제 머지않아 엄마의 창은 주체할 수 없는 꽃무리가 빼곡히 들어
찰 거다.

ㄷ'. 돌아올 때 아주머니들이 흙 냄새가 밴 감자 한 봉지씩을 선물로
내 놓는다.

ㄹ'. 겉장에 실릴 회우 명단을 꼼꼼히 살피시던 주간께서 자꾸 고개를
갸우뚱거리신다.

ㅁ'. 이름이 누락된 회우들이 있을 리 없는데 작년과 다르게 빈 공간이
    생긴다는 것이다.

ㅂ'. 불화한 세상과 부딪치는 통증에 시달릴 때면 생이란 장소는 너무
    도 지긋지긋해…

ㅅ'. 이제는 육신 하나 제대로 가꾸며 살아 볼 그런 때가 되었다. …
    "내가 다 알아서 할 터이니 손댈 일이 없을 것"이라고 한 마디로
    맞설 수 있지만…

ㅇ'. 고향을 떠나기 전에는 명절과 제사에 찾아갈 때마다 이 기차를
    타곤 했다.

ㅈ'. 힘든 생활을 하고 있을 동생을 생각하면 억누를 수 없는 공포감이
    돌기도 했다.

ㅊ'. 이때 윤 전 의원은 시간을 끌면서 정치를 할 듯 말 듯 하는 것이
    국민의 눈엔 전략적으로 계산하는 사람처럼 보인다.

ㅋ'. 정 전 총장은 지난 달 27일 기자와 만나서도 "정치 참여를 할
    경우 선언은 천천히 할 생각이지만 정치를 안 할 거면 가급적 빨리
    의사를 밝히려 한다고 말해 불출마 가능성을 내비쳤다.

ㅌ'. 준비가 안 돼 있어서 안 될 것 같습니다라고 말했다.

이제 위의 예들에서 '-을/-ㄹ'의 통어적 의미기능을 분석하기로
하겠다.

(1ㄱ)의 '갈'의 '-ㄹ'은 어근이 받침이 없을 때 쓰이는데, '가다'의
'가-'에 쓰여서 '미래'를 나타내면서 '길'을 꾸미고 있고 (1ㄴ)의 '계
속할'의 '-ㄹ'도 위와 같으며 (1ㄷ)의 '아니할'의 '-ㄹ'은 단지 수식의
구실을 하고 있다. (1ㄹ)의 '볼'의 '-ㄹ'도 (1ㄷ)의 구실과 같으며 (1
ㅁ)의 '용솟음칠'의 '-ㄹ'은 미래를 나타내면서 다음 말을 꾸미고 있

고 (1ㅂ, ㅅ)의 '있을'의 '-을'은 어근에 받침이 있으므로 쓰였는데 구실은 다음 말 '정도'를 꾸미고 있다. (1ㅇ)의 '살'의 '-ㄹ'은 미래를 나타내고 (1ㅈ)의 '할'의 '-ㄹ'은 미래를 나타내며 (1ㅊ)의 '천인공노할'의 '-ㄹ'은 꾸밈의 구실을 하고 있다. (1ㅋ)의 '없을'의 '-을'과 '노력할'의 '-ㄹ' 및 '될'의 '-ㄹ'은 모두 미래를 나타내는 것으로 보아진다. (1ㅌ)의 '나올'의 '-ㄹ'은 미래를 나타내고 '어쩔'의 '-ㄹ'은 꾸밈을 나타내며 '행사할'의 '-ㄹ'은 미래를 나타낸다. (1ㅍ)의 '풀어줄'의 '-ㄹ'은 미래를 나타내고 (1ㅎ)의 '될'의 '-ㄹ' 또한 미래를 나타내며 (1ㄱ′)의 '날아갈'의 '-ㄹ'도 미래를 나타낸다. (1ㄴ′)의 '주체할'의 '-ㄹ'과 '찰'의 '-ㄹ'은 모두 미래를 나타낸다. 그리고 (1ㄷ′)의 '돌아올'의 '-ㄹ'은 꾸밈의 구실을 하고 (1ㄹ′)의 '실릴'의 '-ㄹ'은 미래를 나타내며, (1ㅁ′)의 '있을'의 '-ㄹ'은 꾸밈의 구실을 나타낸다. (1ㅂ′)의 '시달릴'의 '-ㄹ'은 꾸밈을, (1ㅅ′)의 '볼'의 '-ㄹ'과 '할'의 '-ㄹ', '손댈'의 '-ㄹ' 및 '없을'의 '-을'은 모두 미래를 나타낸다. (1ㅇ′)의 '찾아갈'의 '-ㄹ'과 (1ㅈ′)의 '있을'의 '-을' 및 '억누를'의 '-ㄹ'은 모두 꾸밈의 구실을 한다. (1ㅊ′)의 '할 듯'의 '-ㄹ'은 추정의 꾸밈을, (1ㅋ′)의 '할'의 '-ㄹ'과 '할'의 '-ㄹ' 및 '할'의 '-ㄹ'은 모두 미래로 보아야 할 것 같으나 특히 '천천히 할'의 '-ㄹ'은 추정의 뜻이 더 두드러진다. (1ㅌ′)의 '될'의 '-ㄹ' 역시 미래로 보아진다.

이상의 검토에 의하면 '-을/-ㄹ'은 미래, 추정, 꾸밈 등의 구실을 함을 알 수 있다.

3.2. 시상

3.2.1. 과거관형시상: -었을-

이에 대한 명칭은 통어상에서 하는 뜻 구실에 따라 '과거추정시상'이라 부르기로 한다. 왜냐하면 '-었-' 뒤에 '-을'이 오면 추정과 아울러 다음 말을 매기는 구실을 하기 때문이다.

(1) ㄱ. 홍수와 가뭄으로 식량난이 더 악화되었을 수는 있으나 근본적 원인은 사유재산권과 선택의 자유가 허용되지 않은 사회주의 계획 경제체제 때문이다.

ㄴ. 유일한 대학인 경성제국대학 예과가 있었을 뿐이었다.

ㄷ. 자식들이 사회인이 되었을 때 어머니는 소중하게 간직한 보자기를 꺼냈다.

ㄹ. 신은 포악한 고양이과 동물들을 만들어 놓고 좀 험악하다 느꼈을 것이다. 그래서 그 포악한 동물들의 마스코트 같은 것을 만들어 고양이라고 이름 지었을 것이다.

ㅁ. 내가 두고 왔을 때 어린 고양이었던 레오는 이제 어른 고양이가 되어 있다.

ㅂ. 조선의 지도자인 그를 괄시할 수 없기 때문이었을 것이다.

ㅅ. 운신도 못하는 노인네의 노욕쯤으로 보였을 수도 있으리라.

ㅇ. 그런 옥수가 하나 둘이 아니었을 게다.

ㅈ. 다음날 일찍 갚아 버려야 마음이 편하지 만날 수 없어 못 들려주었을지라도 밥맛을 잃는다.

ㅊ. 그대는 분명 들고 간 것이 있었을 것이오.

ㅋ. 젊었을 땐 보얀 피부에 손끝은 가느다랗게 뻗어 쭉 펴면 솔다가는
손을 보고 재주 있겠다고 칭찬 듣던 내 손이 아니던가?

(1ㄱ)의 '되었을'은 지나간 일에 대한 추측을 나타내면서 다음 '수'
를 꾸미고 있고 (1ㄴ, ㄷ, ㅁ, ㅈ, ㅋ)의 '-었을'은 모두 그 다음에
오는 말을 꾸미고 있으며 (1ㄹ, ㅂ, ㅅ,ㅇ, ㅊ)의 '-었을'은 지난 일에
대한 추측을 나타내는 것으로 보아진다. 따라서 '-었을'은 과거추측
과 과거관형의 구실을 함을 알 수 있다.

3.2.2. 미래관형시상: -겠는-

이 예문은 그리 많이 나타나지 않는다. 박지홍 교수는 '-겠-'은
미래를 '-는'은 그 본래의 뜻인 지속은 나타내지 않고 '매김'의 구실
을 하면서 '어느 때의 사실.'을 나타내게 된다[19]고 설명하고 있다.

(1) ㄱ. 서울에 가겠는 사람은 같이 가자.
　　ㄴ. 그는 이것을 해 내겠는 걸.
　　ㄷ. 내일이면 피겠는 꽃봉오리가 몇 개 있소? (박지홍 교수의 예문을
　　　　그대로 인용함)

(1ㄱ)의 '가겠는'의 '-겠-'은 가능의 뜻을 나타내면서 '-는'은 다
음 말을 꾸미고 있으며 (1ㄴ)의 '내겠는'의 '-겠는'도 (1ㄱ)의 경우와
같이 이해된다. (1ㄷ)의 '피겠는'의 '-겠는'의 '-겠-'은 미래 또는 추

---

19) 박지홍(1986), 『고쳐 쓴 우리 현대어본』, 과학사, 160쪽 참조.

측을, '-는'은 '결'을 꾸미고 있다. 이 매김때도 앞으로는 차차 없어
질 것 같다.

3.2.3. 회상관형시상: -던-

이 때매김은 많이 쓰이고 있는데, 과거에 경험한 것을 이제에 와
서 회상하면서 다음 말을 꾸미고 있다. 즉 '-던'은 과거의 경험을
나타내는 '-더'에 매김 구실을 하는 '-ㄴ'이 왔으므로 이 '-ㄴ'은 순
전히 매기는 구실을 한다.

(1) ㄱ. 조선어학회 회원이 검거되던 날에 국민총력 조선연맹 총재 ○○○
　　　 씨를 자택으로 찾아 가서…

　　 ㄴ. 이병철 회장과의 라운드가 거듭되던 어느 날…

　　 ㄷ. 여느 때와 마찬가지로 회장댁에서 저녁 식사를 마친 뒤, 차를 마시
　　　 던 이회장이 갑자기 "니 얘기 들어서 알고 있제?"라고 물었다.

　　 ㄹ. 말로만 듣던 장충동 집을 두리번거리며 들어갔더니…

　　 ㅁ. 아이이던 내가 어느덧 중년 아닌가?

　　 ㅂ. 가난한 집 사정 때문에 부잣집 친구네에 가서 책을 보던 최기선
　　　 씨는 친구 엄마로부터 "여기가 너희 안방이니"하는 타박을 들었다.

　　 ㅅ. 엄마가 학교를 다니던 어린 시절에 비밀 이야기가 아니면 부모가
　　　 이혼했다는 말을 친구 끼리 하지 않았다는데…

　　 ㅇ. 그해 9월 5일에 사전편찬원으로 일하던 정태진이 함남 경찰서에
　　　 붙들려 가게 되었다.

　　 ㅈ. 홍원경찰서 형사가 전진역에서 박병엽과 말씨름이 생겨서 그의 집
　　　 을 수색하던 중 박영희의 일기장에서 불온 문구를 발견…

ㅊ. 대학시절 도서관 정기간행물실에서 빠짐없이 〈한겨레 21〉을 챙겨 보던 열정이 군대까지 이어진 것이라고.

ㅋ. 적은 군인 월급에서 얼마씩 모아 주변 성당에 마련돼 있던 농성장에 몰래가서 모금함에 넣고 돌아왔던 기억이 납니다.

ㅌ. 조선어학회 회원들의 일부가 경기도 경찰부에 수감되던 그날에 이극로 박사와 나 이석린이…

ㅍ. 일면식도 없던 두 사람이 2시간 가량 만난 것은 정 전 총장의 요청 때문이었다.

(1ㄱ, ㄷ, ㄹ, ㅈ, ㅌ, ㅍ)의 '-던'은 과거에 겪었던 일을 돌이키되 '-ㄴ'은 '-더'에 붙어 다음 말을 꾸미고 있는 데 반하여 (1ㄴ, ㅁ, ㅂ, ㅅ, ㅇ, ㅊ, ㅋ)의 '-던'은 과거 어느 때에 지속적인 상태에 있거나, 어떤 일이 어느 때에서 어느 때까지 지속적인 상태에 있었음을 나타내고 있다.[20] 즉 (1ㄴ)은 지속(계속)을, (1ㅁ)은 어린 아이이었던 긴 동안을, (1ㅂ)은 책을 읽던 동안을, (1ㅅ)은 학교를 다니던 동안을, (1ㅇ)은 이전부터 9월 5일까지의 긴 동안을, (1ㅊ)은 대학시절 일하던 동안의 상태, 형편에 있었음을 각각 나타내고 있다.

3.2.4. 과거회상관형시상: -었던-

'-었던'의 짜임새는 '었(과거)+더(과거경험)+ㄴ(매김)'으로 되어 있어서 전체적으로는 과거에 경험한 것을 돌이켜서 다음 말을 꾸미는 구실을 하는 때매김이다. 이상하게도 이는 통계상에 많이 나타난다.

---

20) 위의 책, 161쪽에서 인용함.

(1) ㄱ. 눈이 예전의 오빠의 눈이 아니었던 것이다.

ㄴ. 결코 작지 않았던 내 눈이 아니었던가?

ㄷ. 고등어나 게, 작살에 걸려 있는 물고기가 풍부했던 것이다.

ㄹ. 승리자였던 그의 눈물은 어떠한 것이었나 생각해 보게끔 한다.

ㅁ. 일방적으로 추진했던 정부 인사들로 보면 틀리지 않을 것이라고
했다.

ㅂ. 희암정혜도 처음 충허장로를 따라 이곳으로 찾아온 것이 인연이었
던 것이다.

ㅅ. 그는 평생을 학대 받고 지났던지도 모를 것이오.

ㅇ. 국어국문학에 관한 배움과 연구와 교육에 전적으로 무관심했던 시
대는 아니었다.

ㅈ. 우리말 문화의 풍토가 척박해졌던 만큼 회복의 의욕은 더욱 뜨겁게
그들의 가슴을 불태웠다.

ㅊ. 엄마의 봄바람을 부채질해 드리고 싶었던 거다.

ㅋ. 평평했던 바닥은 움푹 파이고 칼밥이 떨어져 나간 흔적들로 까칠하다.

ㅌ. 좋기만 했던 할머니였지만 가족의 식량에 톡톡한 몫을 하는 옥수수
였는데…

ㅍ. 하찮고 하찮은 풀이었지만 내 집을 찾는 이들에게 큰 자랑거리가
되었던 그 한해살이풀을 보는 요즈음…

ㅎ. 불굴의 의지를 지녔던 사나이 링컨.

ㄱ′. 개구쟁이 시절 눈감고 달릴 수도 있었던 골목길마저 잡초가 다
막아 버리다니…

ㄴ′. 시간 약속을 했던 나무배가 오지 않아 핸드폰으로 약속한 후…

ㄷ′. 그는 극중의 사건 전개에 몰입해 있었던지 내 말에 한 대 얻어맞은
듯 한참 동안 기억을 더듬고는 대꾸했다.

ㄹ′. 내가 두고 왔을 때, 어린 고양이었던 레오는 이제 어른 고양이가 되어 있었다.

ㅁ′. 반일 감정이 컸던 박씨는 퉁명스럽게 대답했다가…

ㅂ′. 독립형서의 주동적 인물이였던 그가 변절하여 친일 거두가 된 사람이니 그를 좋아하지 않는다.

ㅅ′. 이것마저 주지 않는 사람도 많았던 시절이었다.

ㅇ′. 한가지 특이했던 점은 자녀들이 함께 식사를 하지 않고 아버지의 식사 시중을 드는 것이었다.

ㅈ′. 어머니 산소에도 가고 어머니와 함께 생활했던 마을에도 갔었다.

ㅊ′. 가난 속에서도 자식을 위해 조건 없이 희생했던 그분들의 사랑이 가슴을 적신다.

ㅋ′. 혹은 무리를 지어 깊은 산속으로 잠적하거나 독립군에 합류하여 와신상담의 심정으로 조국 해방의 그날을 초조하게 기다리고 있었던 것이다.

ㅌ′. 내던졌던 맞춤책을 꺼내어 연구하였으며… 일본 이름으로 소위 창씨개명 되었던 굴욕적 성과 이름을 뒤바꾸어…

(1ㄱ, ㄷ, ㅂ, ㅊ, ㅋ)은 '-었던 것이다'로 되어 있으나 이것은 '-었다/-였다'로 하면 될 것을 오늘날 이런 식으로 많이 쓰이고 있는데 어법적으로 풀이하기가 다소 어려워 보인다. 그 이외의 '-었던'은 과거의 상태, 상황, 형편 등을 겪고 그것을 회상하여 '-ㄴ'을 더함으로써 다음 말을 꾸미고 있다.

3.2.5. 과거회상관형시상: -었었던-

이 관형시상의 짜임새는 '었었(과거완료)+더(과거의 회상)+ㄴ(과거)'으로 되어 있기 때문에 그 구실은 과거보다 더 과거에 겪었던 일을 돌이켜 말하여 매기고 있다. 그런데 작가들의 글에서 통계를 내어 보니 이 때매김은 잘 나타나지 않았다.

(1) ㄱ. 그가 <u>갔었던</u> 곳은 경남 남해였다.

이 예는 이것밖에 나타나지 않았는데 허웅 교수의 『20세기 우리 말의 형태론』의 1224쪽에서 보면 "'-었었던'의 쓰임은 그리 흔하지 않다"고 하고 다음 세 가지 예를 들었다.

(2) ㄱ. 그 시인에 대하여 나에게 <u>문의했었던</u> 바로 그 사람이군.
　　ㄴ. 그 때 그 곳으로 <u>갔었던</u> 일이 기억에 새롭다.
　　ㄷ. 거기는 옛날에는 내가 한번 찾아 <u>갔었던</u> 곳일세.

(1ㄱ)의 '갔었던'의 때는 글쓴이가 지나간 일을 글을 쓸 때 나타낸 것인데, '남해였다'보다 '간 일이' 먼저 일어난 일이므로 '갔었던'으로 표현한 것이다.

3.2.6. 추정회상관형시상: -겠던-

3.2.6.1. -겠던-

이 관형시상은 평소 입말에서는 가끔 쓰일 수 있으나 글로는 잘 나타나지 않는다.

(1) ㄱ. 그는 말을 들으니 잘 살고 있<u>겠던</u> 걸.

위의 '-겠던'은 그 앞에 온 '말을 들으니'에 대한 자기의 판단을 추측하여 말한 것이다.

3.2.6.2. -겠다던-

이것은 '-겠다고 하던'이 줄어서 쓰인 것인데, 작가의 글에서 하나 나타났기 때문에 여기에 예시하겠다. 이것이 준 형태이기는 하나 자주 쓰이다 보면 하나의 때매김 형태로 굳어질 수도 있을 것이다.

(1) ㄱ. 마지막 걸어 보<u>겠다던</u> 죽음 앞에서의 모습이 너무도 평온했었다.

3.3. 진행시상

3.3.1. 현재진행관형시상: '-고+있는-'

예부터 보기로 하자.

(1) ㄱ. 하루가 다르게 <u>변해가고 있는</u> 세상이 두려울 뿐이다.

ㄴ. 바다 위를 힘차게 <u>날고 있는</u> 갈매기들의 모습이 어느 때보다 활기
차 보인다.

ㄷ. 넓은 바다 위를 <u>날고 있는</u> 갈매기들만 보려고 해도 자꾸 비둘기들
이 내 눈앞에서 알짱거린다.

ㄹ. 가정에 매여 <u>살고 있는</u> 내가 답답하게 느껴졌다.

이 관형시상의 예도 그리 많이 나타나지는 않았으나 입말에서는
많이 쓰인다.

3.3.2. 현재진행추정관형시상: '-고+있을-'

(1) ㄱ. 나비들도 이곳에서 날개를 <u>흔들고 있을</u> 거예요.

ㄴ. 나는 미국에서 <u>살고 있을</u> 그를 찾아 가려고 한다.

이 예도 많이 나타나지 않고 이것만이 나타났는데 입말에서는 더
러 쓰일 것으로 생각된다.

3.3.3. 현재진행회상관형시상: '-고+있던-'

(1) ㄱ. 그는 <u>살고 있던</u> 고향을 떠나 미국으로 갔다.

ㄴ. 그는 <u>놀고 있던</u> 아들을 저 회사에 취직시켰다.

진행시상은 위의 3.3.1에서와 같이 과거부터 현재까지 어떤 행위
가 계속되고 있거나 현재 눈앞에서 일어나고 있는 행동을 나타내는

데 쓰기도 하고 위의 3.3.2에서와 같이 과거부터 현재까지 어떤 행위를 계속하고 있을 것을 짐작하여 나타낼 때 쓰기도 하는데, 여기 3.3.3에서는 과거 어느 때부터 어느 때까지 지속되고 있던 행위를 나타내기도 한다. 3.3.3의 (1ㄱ)의 '살고 있던'은 '오랜 과거부터 고향을 떠나기 전까지의 기간 동안에 계속 되고 있었던 행위'를 나타내면서 다음 말을 꾸미고 있고 3.3.3의 (1ㄴ)의 '놀고 있던'은 '취직하기 직전까지 학교를 졸업하고 취업을 하지 못하여 놀고 지내던' 행위를 말하고 있다.

3.3.4. 과거진행회상관형시상: '-고+있었던-'

이 관형시상도 아주 잘 나타나지 않으나 글쓴이의 직관에 의하여 다음 몇 예를 보이기로 들겠다.

(1) ㄱ. 그는 <u>놀고 있었던</u> 당시 그 일을 저질렀다.

　　ㄴ. 그것은 까맣게 <u>잊고 있었던</u> 일이다.

　　ㄷ. 내가 <u>믿고 있었던</u> 그가 나를 배반했다.

이 관형시상은 과거 어느 때까지 지속되어 왔던 행위를 말할 그 때에 돌이켜 매기면서 나타내고 있다.

제**5**장

맺음말

제5장 맺음말●●●199

지금까지 다루어 왔던 우리말의 때매김은 그 문맥적 의미를 바탕으로 보면 시제적인 면도 있고 시상적인 면도 있는데 대체적으로 시상적인 면이 많다. 그러나 시상으로 다룰 수 없는 부분에 대해서는 글쓴이는 시제로 보고 다루기도 하였다. 어떤 이는 우리말에는 때매김이 없다고 하고 있으나 우리 언중에게 물어 보면 시간적 표현이 있다고 말하고 있다. 글쓴이는 통계에 의하여 일반이 쓰고 있는 때매김을 중심으로 다루어 왔다. 그러므로 『우리말본』을 중심으로 여러 문법책에서 다루어 왔던 체계는 물론 때매김의 종류에도 상당한 차이가 있음에 유념하기 바란다. 특히 '-더-'는 오늘날 점점 어미화하여 가는 경향에 있음을 알 수 있다.

(1) ㄱ. 그는 거기 있습디다.

ㄴ. 그는 거기서 일하던데.

ㄷ. 거기에는 아버지가 가시데.

ㄹ. 그는 잘 있데.

ㅁ. 철수는 키가 크디?

ㅂ. 자네가 거기 갔더면 큰일 날 뻔 했어.

�. 네가 거기에 갔더라면 좋았을 것을!

ㅇ. 네가 거기 갔던들 아무 해결도 보지 못하였을 것이다.

ㅈ. 어떻게나 우습던지 막 웃어 버렸다.

(1ㄱ~ㅈ)에서 보는 바대로 '-더-'는 어미로 변해가는 과정에 있는 것은 아닌가 싶은 생각이 든다.

끝으로 지금까지 다루어 온 내용은 보기에 따라서는 인정하기 어려운 점도 있을 것이다. 모두가 부족한 글쓴이의 탓이니 이해하여 주기 바란다. 앞으로 이에 대한 더 면밀한 연구가 있기를 기대하는 바 이다.

참고서적

김광해 외 4명, 2007, 『국어지식탐구』, 박이정.

김승곤, 2003, 『현대표준말본』, 한국문화사.

김차균, 1990, 『우리말 시제와 상의 연구』, 탑출판사.

나진석, 1971, 『우리말의 때매김연구』, 과학사.

남기심, 1998, 『국어문법의 시제문제에 관한 연구』, 탑출판사.

남기심, 2004, 『현대국어통사론』, 태학사.

박지홍, 1986, 『고쳐 쓴 우리 현대어본』, 과학사.

이희승, 1957, 『새 고등말본』, 일조각

이숭녕, 1962, 『고등국어문법』, 을유문화사.

정인승, 1956, 『표준고등말본』, 신구문화사.

주시경, 1905, 『국어문법』(역대한국문법대계, 제1부 제39집), 탑출판사.

주시경, 1910, 『국어문법』(주시경전집), 아세아문화사.

주시경, 1911, 『조선어문법』, 정음사.

최낙복, 2003, 『주시경문법의 연구(2)』, 역락.

최현배, 1983, 『우리말본』, 정음문화사.

허웅, 1995, 『20세기 우리말의 형태론』, 샘문화사.

Bernard Comrie, 1976, *Aspect*, Cambridge, Univ, Press.

Bernard Comrie, 1985, *Tense*, Cambridge, Univ, press.

Otto Jespersen, *Philosophy of Grammar*; 이한묵·이석무 공역, 1987, 『문법철학』, 한신문화사.